票据池业务问答

主编——晖光日新
副主编——朱帅涛 王艳丽

中国财富出版社有限公司

图书在版编目（CIP）数据

票据池业务问答 / 晖光日新主编 . — 北京 : 中国财富出版社有限公司 , 2021.5
ISBN 978-7-5047-7445-3

Ⅰ . ①票…　Ⅱ . ①晖…　Ⅲ . ①承兑汇票—问题解答　Ⅳ . ① F830.46-44

中国版本图书馆 CIP 数据核字（2021）第 094175 号

策划编辑　郑晓雯　　**责任编辑**　张红燕　郑晓雯
责任印制　尚立业　　**责任校对**　卓闪闪　　**责任发行**　董　倩

出版发行	中国财富出版社有限公司		
社　　址	北京市丰台区南四环西路 188 号 5 区 20 楼	**邮政编码**	100070
电　　话	010-52227588 转 2098（发行部）		010-52227588 转 321（总编室）
	010-52227588 转 100（读者服务部）		010-52227588 转 305（质检部）
网　　址	http://www.cfpress.com.cn	**排　　版**	宝蕾元
经　　销	新华书店	**印　　刷**	宝蕾元仁浩（天津）印刷有限公司
书　　号	ISBN 978-7-5047-7445-3/F · 3300		
开　　本	710mm × 1000mm　1/16	**版　　次**	2021 年 7 月第 1 版
印　　张	20.75	**印　　次**	2021 年 7 月第 1 次印刷
字　　数	255 千字	**定　　价**	59.80 元

PREFACE

前　言

《中华人民共和国票据法》(2004 年修正)规定，票据是指汇票、本票和支票；汇票又分为银行汇票和商业汇票。在实际操作中，票据不仅具有融资功能，还具备支付功能，可以作为信用货币在企业之间流转，提高实体企业的经济效益，盘活存量票据资产。票据市场是短期资金融通的主要场所，是直接联系产业资本和金融资本的枢纽。票据市场是货币市场的一个子市场，也是交易主体中最广泛的组成部分之一。

票据业务大致可分为出票、承兑、贴现、交易(票据转贴现、票据买断式回购、票据质押式回购)、委托收款(提示付款)等环节。其中出票、承兑、贴现环节必须审核真实交易背景，也是票据业务中监管检查最多、风险最集中、风险管控难度相对较大的环节；其他环节中，票据主要在银行与银行、银行与央行之间流通，无真实交易背景审核需求。另外，交易环节中的转贴现、票据买断式回购是票据交易行为，也是银行的资金业务，可以调节银行经营中的各类指标，如信贷规模、流动性指标、资本充足率等，赚取价差实现盈利。

2000年以来，我国票据市场的发展大致经历了以下几个阶段。第一阶段是从2000年到2006年，货币政策较为宽松，信贷规模不是限制性因素，且票据市场的参与机构不多。主导机构为国有银行。主流模式是将票据持有到期解付，风险较低。第二阶段是从2007年到2012年，货币政策趋于紧缩，信贷规模是硬约束指标，票据市场的参与机构逐渐增加。主导机构为国内市场化程度较高的股份制银行。主流模式是消规模。在2008年的“四万亿计划”中，票据业务存量增长数倍。第三阶段是从2013年到2015年，货币政策稳健中性，信贷规模仍是约束指标，票据市场的参与机构显著增多，民间中介深度介入。且资金和资产的期限错配严重，违规套利行为盛行（证券资管、票据中介），风险集聚。第四阶段是从2016年开始，票据市场先后披露多起风险案件，外因是经济下行、股市下跌，内因则是业务快速发展、违规套利问题不断积累，不仅给一些银行造成了巨大损失，也在一定程度上影响了票据市场的稳定发展。2016年，人民银行针对潜在问题和制度障碍，主导设立了上海票交所。上海票交所的成立使票据市场快速成为规范、统一的货币市场的组成部分，增强了票据市场服务实体经济的能力。在风险防范方面，严格的市场准入管理为票据市场风险防范构筑了第一道防线，提升了机构内控建设水平和票据业务的电子化水平，将原先分散的、线下的票据转贴现和回购交易集中到统一的线上电子化交易平台进行，不仅大大提升了信息透明度，消除了金融机构间、不同地域间的信息不对称，抑制了有关票据业务中的不规范行为，而且也有效实现了票据业务信息集中，所有交易行为均有迹可循，实现了对票据业务的全生命周期管理。自 2016 年 12 月上海票交所成立至今，票据转贴现、回购业务未披露新的风险案件。

鉴于票据的无因性、文义性等法律特性，从企业角度来讲，票据流转和票据使用不当本身就会导致法律风险。我国票据市场流通的票据种类繁多，介质也不再局限于纸质票据，再加上票据市场的快速发展和监管政策的持续完善，票据的支付结算属性和融资属性正在发生较大变化，所以中小微企业票据池的搭建和应用，相比现金池等其他财资管理产品来说更复杂。

由于集团企业组织架构和股权结构的不同，票据流转过程中的票据权利主体也不尽相同。集团企业票据池的应用因受股权结构、组织架构、财务管理要求、内控要求及企业成员单位诉求等的影响而呈现个性化、多元化的特点。如何构建与本集团企业组织架构、财务管理要求、内控管理要求等相适应的票据池运行体系，通过票据池进一步提升集团企业的票据管理水平，提高财务效率，盘活票据资产，是集团企业更为关注的问题。

本书深入研究集团企业在不同资金管理模式下不同的票据池应用方式。此外，通过真实案例加以佐证，提炼适用特征，为不同组织架构的集团企业使用票据池业务模式提供了借鉴依据。

本书主要采用了以下几种研究方法：

（1）文献研究法。通过搜集大量的文献，为本书的分析解读、归纳总结、对比研究提供坚实的理论支持。

（2）案例分析法。通过可靠的途径获取不同集团企业的相关资料，对票据池的不同运作模式进行分析，并结合理论对实例进行研究。

（3）对比分析法。对比集团企业财务管理、票据池不同模式的运作条件，从定性角度进行分析，并做出相关评述。

（4）归纳分析法。通过对文献、案例的研究分析，总结趋同和差异点，提炼特征，提出适用于不同集团企业财务管理的票据池运作模式。

随着上海票交所进一步规范票据市场行为，票据市场透明度不断提升，票据二级市场交易日益活跃，在信贷规模宽裕的情况下，票据的资金属性愈加明显。在票据资产的信贷属性界定和标准化探索方面，市场呼声也越来越高，票据标准化已成为大势所趋。因此，奋战在票据市场上的各位同志要继续加强学习，练好本领，拥抱票据新时代的到来。

CONTENTS

目　录

第一章

商业汇票基础知识答疑

如何认识中国的票据体系?

《中华人民共和国票据法》和《支付结算办法》为票据的使用和管理提供了法定依据，也使经济社会中的票据使用和发展进入一个崭新的阶段。商业汇票作为国内各经济主体支付结算、贸易融资的重要工具，以及由此衍生的票据池服务，主要适用于我国经济社会。

《中华人民共和国担保法》和《中华人民共和国物权法》，尚未明确给出权利质押的定义，但明确了汇票、本票、支票能够作为权利质押标的物，也就是说，在法律意义上明确了将票据质押纳入权利质押的法律范畴。

我国的票据体系如图 1–1 所示。

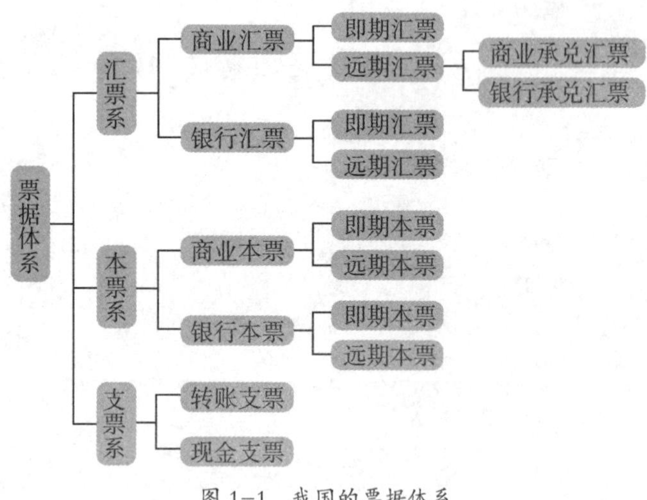

图 1–1　我国的票据体系

一、商业汇票

商业汇票是出票人签发的，委托付款人在见票时或者在指定日期无条件支付确定的金额给收款人或者持票人的票据。商业汇票分为商业承兑汇票和银行承兑汇票。商业承兑汇票由银行以外的付款人承兑（付款人为承兑人），银行承兑汇票由银行承兑。商业汇票的最长付款期限为 6 个月，电子商业汇票的最长付款期限为 12 个月。

（一）商业汇票当事人

商业汇票一般有三个当事人，即出票人、收款人和付款人。

1. 出票人

企业需要使用商业汇票时，可成为出票人。商业汇票与银行汇票的主要区别是：银行汇票的出票人是银行，商业汇票的出票人是企业。

2. 收款人

收款人是商业汇票上实际载明的收取汇票金额的人。有以下两种情况。一是如果出票人是基础关系中的债务人，收款人应当是其相对债权人。该债权人收到票据后，向与出票人有资金关系的其他工商企业或银行提示承兑，该债权人即可凭票据在规定日期收取款项。二是如果出票人是基础关系中的债权人，那么出票人应当是收款人。在这种情况下，出票人作为债权人向其相对债务人签发汇票，再由该债务人向其开户银行提示承兑并供应充足资金后，然后将汇票还给出票人。原出票人可在规定日期持票通过银行收取债务人的票面金额。

3. 付款人

付款人即对商业汇票金额实际付款的人。有以下两种情况。一是在出票人是债务人时，其相对债权人成为票据收款人。相对债权人可持票向出票人的开户银行提示承兑，由该银行以出票人的银行存款代为付款，出票人是实际付款人；或者根据与出票人的约定，该债权人向与出票人有资金关系的其他工商企业提示承兑，该工商企业向该债权人付款并成为实际付款人。二是在出票人是债权人时，其相对债务人收到票据后，可持票向其开户银行提示承兑并供应充足的资金，由该银行以该债务人的银行存款向出票人代为付款，该债务人是实际付款人。

（二）商业汇票的结算特点

商业汇票结算是指利用商业汇票来办理款项结算的一种银行结算方式。与其他银行结算方式相比，商业汇票结算具有如下特点：

（1）商业汇票的适用范围相对较窄，各企业、事业单位之间只有根据购销合同进行合法的商品交易，才能签发商业汇票。除商品交易以外，其他方面的结算如劳务报酬、债务清偿、资金借贷等，不可采用商业汇票结算方式。

（2）商业汇票的使用对象也相对较少。商业汇票的使用对象是在银行开立存款账户的法人或者其他组织。使用商业汇票的收款人、付款人及背书人、被背书人等必须同时具备两个条件：一是在银行开立存款账户，二是具有法人资格。个体工商户、农村承包户、个人、法人的附属单位等不具有法人资格的单位或个人，以及虽具有法人资格但没有在银行开立存款账户的单位都不能使用商业汇票。

（3）商业汇票可以由付款人签发，也可以由收款人签发，但都必须经过承兑。只有经过承兑的商业汇票才具有法律效力，承兑人负有到期无条件付款的责任。商业汇票到期，因承兑人无款支付或其他合法原因，债权人不能获得付款时，可以按照汇票背书转让的顺序，向前手中的一个企业、多个企业或全体行使追索权，依法追索票面金额；该汇票上的所有关系人都应承担连带责任，票据债务人不得以自己与出票人或持票人前手的抗辩事由对抗持票人。商业汇票的承兑期限由交易双方商定，一般为3—6个月，最长付款期限不得超过6个月，属于分期付款的应一次签发若干张不同期限的商业汇票。

（4）未到期的商业汇票可以到银行办理贴现，从而使结算和银行资金融通相结合，有利于企业及时补充流动资金，维持正常的生产经营。

（5）商业汇票在同城、异地都可以使用，而且没有结算起点的限制。

（6）商业汇票一律记名并允许背书转让。商业汇票到期后，一律通过银行办理转账结算，银行不支付现金。商业汇票的提示付款期限为自汇票到期日起10日内，超过提示付款期限的，开户银行不予受理，丧失对出票人以外的追索权。

（7）付款人在接到开户银行通知的次日起3日内（遇法定假日顺延）未通知银行付款的，视同付款人承诺付款。

二、银行承兑汇票

银行承兑汇票使用的是银行信用，具有资质好、认可度高、流动性强的特点。基于目前我国资产证券化产品在二级市场的流动性不强的特点，将银行承兑汇票打包发行票据资产证券是降低流动性的过程，不符合资产证券化业务的初衷，不推荐发行票据资产证券。

电子银行承兑汇票如图1–2至图1–4所示。

电子商业汇票系统 Electronic Commercial Draft System

电子银行承兑汇票

出票日期 2019-11-29　　　　票据状态 背书已签收

汇票到期日 2020-05-29　　　票据号码 1 310301000016 20191129 52764086 0

出票人	全称		收款人	全称	
	账号	9301015530		账号	764701880
	开户银行	上海浦东发展银行南京分行		开户银行	中国光大银行南京分行中山北路支行
出票保证信息	保证人名称:		保证人地址:		保证日期:
票据金额	人民币（大写）	壹仟肆佰陆拾陆元零肆分			

十	亿	千	百	十	万	千	百	十	元	角	分
					¥	1	4	6	6	0	4

承兑行信息	全称	浦发南京分行营业部	开户行行号	310301000016
	账号	0	开户行名称	上海浦东发展银行南京分行
交易合同号			承兑信息	出票人承诺：本汇票请予以承兑，到期无条件付款
能否转让	可再转让			承兑人承诺：本汇票已经承兑，到期无条件付款 承兑日期：2019-11-29
承兑保证信息	保证人名称:		保证人地址:	保证日期:
评级信息（由出票人、承兑人自己记载，仅供参考）	出票人	评级主体:	信用等级:	评级到期日:
	承兑人	评级主体:	信用等级:	评级到期日:

图 1-2　电子银行承兑汇票（一）

电子商业汇票系统
Electronic Commercial Draft System

电子银行承兑汇票

票据号码1 310301000016 20191129 52764086 0

转让背书	
背书人	
被背书人	
背书日期	电子银行承兑汇票2019-12-31
转让背书	
背书人	
被背书人	
背书日期	电子银行承兑汇票2019-12-09
转让背书	
背书人	
被背书人	
背书日期	电子银行承兑汇票2019-12-06
转让背书	
背书人	
被背书人	
背书日期	电子银行承兑汇票2019-12-03
转让背书	
背书人	
被背书人	背书日期

图 1–3　电子银行承兑汇票（二）

电子商业汇票系统
Electronic Commercial Draft System

电子银行承兑汇票

出票日期 2019-11-29　　　　票据状态 背书已签收

汇票到期日 2020-05-29　　　　票据号码 1 310301000016 20191129 52764086 0

交易流水号	交易类型	交易人	交易对手	交易时间	交易状态	备注
583814	转让背书确认	[illegible]	[illegible]	2019-12-31	正常结束	

图 1-4　电子银行承兑汇票（三）

三、商业承兑汇票

商业承兑汇票使用的是付款公司的信用，还款来源是企业经营性应收账款。基于我国商业信用体系并未完全建成，所以商业承兑汇票本身存在一定的信用风险，可接受度低，流动性差，并且银行在对其贴现的业务流程中，对承兑人资质要求较高，通常需要提供抵质押担保或占用企业的银行授信额度，这使商业承兑汇票的贴现难度大且成本高，中小持票企业亟须寻找新的融资出口。在商业承兑汇票寻求通过证券化处理获得融资的过程中，商业承兑汇票相对于企业应收账款，期限确定性强，产生的现金流更加稳定可靠，且其资产权属和法律关系明确，更符合证券化产品基础资产的特征，为票据发行证券化产品提供了很好的基础。电子商业承兑汇票如图 1–5 至图 1–7 所示。

电子商业汇票系统
Electronic Commercial Draft System

电子商业承兑汇票

出票日期 2019-12-30		票据状态 背书已签收	
汇票到期日 2020-04-29		票据号码 2 102225000201 20191230 55231432 3	
出票人 全称		收款人 全称	
出票人 账号	070600041922	收款人 账号	13916151501
出票人 开户银行	中国工商银行本溪市分行本钢支行	收款人 开户银行	广发银行本溪分行营业部
出票保证信息	保证人名称：	保证人地址：	保证日期：
票据金额	人民币（大写） 肆佰万元整		
承兑人信息	全　称	开户行行号	102225000201
	账　号 070600041922	开户行名称	中国工商银行本溪市分行本钢支行
交易合同号		承兑信息	出票人承诺：本汇票请予以承兑，到期无条件付款
能否转让	可再转让		承兑人承诺：本汇票已经承兑，到期无条件付款　承兑日期：2019-12-30
承兑保证信息	保证人名称：	保证人地址：	保证日期：
评级信息（由出票人、承兑人自己记载，仅供参考）	出票人 评级主体：	信用等级：	评级到期日：
	承兑人 评级主体：	信用等级：	评级到期日：

十	亿	千	百	十	万	千	百	十	元	角	分
		¥	4	0	0	0	0	0	0	0	0

图 1-5　电子商业承兑汇票（一）

电子商业汇票系统
Electronic Commercial Draft System

电子商业承兑汇票

票据号码2 102225000201 20191230 55231432 3

转让背书	
背书人	
被背书人	
背书日期	电子商业承兑汇票2019-12-31
提示收票	
出票人	
收票人	
收票日期	电子商业承兑汇票2019-12-31
提示承兑	
出票人	
承兑人	
承兑日期	电子商业承兑汇票2019-12-30
保证	
被保证人	
保证人	
保证日期	电子商业承兑汇票2019-12-30

图 1-6　电子商业承兑汇票（二）

电子商业汇票系统
Electronic Commercial Draft System

电子商业承兑汇票

出票日期 2019-12-30　　票据状态 背书已签收

汇票到期日 2020-04-29　　票据号码 2 102225000201 20191230 55231432 3

交易流水号	交易类型	交易人	交易对手	交易时间	交易状态	备注
584053	转让背书确认	[illegible]	[illegible]	2019-12-31	正常结束	

图 1-7　电子商业承兑汇票（三）

上海票据交易所的概念是什么，有何意义？

上海票据交易所（以下简称“上海票交所”）是我国金融市场的重要基础设施，具备票据报价交易、登记托管、清算结算、信息服务等功能，承担中央银行货币政策再贴现操作等政策职能，是我国票据领域的登记托管中心、交易中心、创新发展中心、风险防控中心、数据信息研究中心。

上海票交所的成立是我国深化金融改革的重要举措。近年来，我国票据市场快速发展，对拓宽企业融资渠道、健全多层次金融市场体系发挥了重要的推动作用。上海票交所作为具备票据交易、登记托管、清算结算、信息服务等功能的全国统一票据交易平台，将大幅提高票据市场的透明度和交易效率，激发市场活力，更好地防范票据业务风险；也有助于完善中央银行金融调控，优化货币政策传导机制，增强金融服务实体经济的能力。上海票交所深刻地认识到了自身使命，积极借鉴国际成熟市场的发展经验，以实体经济需求为导向，推动票据产品和交易方式创新，丰富和增强票据市场功能，进一步优化金融资源配置效率。上海票交所应不断加强交易系统建设和内部管理，完善业务规则，切实防范风险，加强投资者教育，做好研究监测，提升票据市场专业化水平。

成立上海票交所的背景如图 1–8 所示。

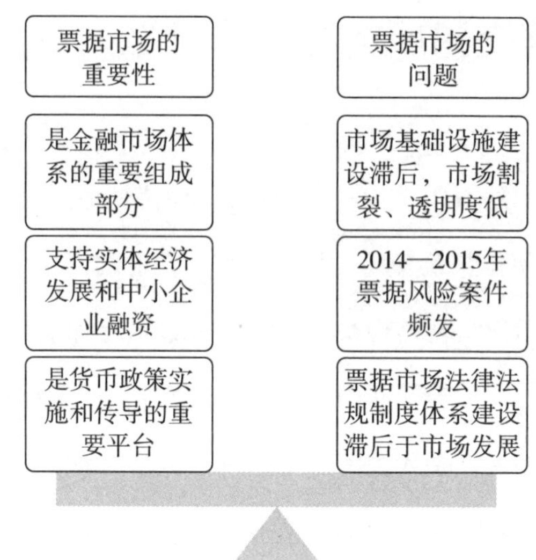

图 1-8　成立上海票交所的背景

票据池研究者有哪些?

1. 刘定华

刘定华于 2005 年出版的《中国票据市场的发展及其法律保障研究》一书，阐述了现代市场经济条件下票据市场的功能，对我国票据市场的发展现状、制约因素和发展前景做了客观深入的分析，从两个不同层面论述了票据市场发展的法律保障制度，即内在的法律保障制度——票据制度，以及外在的法律保障制度——票据制度之外的与票据市场有关的法律保障制度，并结合现状提出了变革和完善相关法律制度的具体建议。

主持完成了中国人民银行总行项目《票据立法研究》。其成果之一是《票据法简论》(1992 年，中国金融出版社)。

主持完成了省社科规划项目《中国票据法律责任研究》。最终成果为专著《票据责任与票据法律责任》(2000年，国家行政学院出版社)。

主持完成了教育部“十五”规划首批项目《票据市场的发展与法律保障研究》。最终成果为《中国票据市场的发展与法律保障研究》(2005年，中国金融出版社)。

2. 希克斯(J. R. Hicks)和尼汉斯

希克斯和尼汉斯提出了交易成本创新理论，提出金融创新理论的基本命题为“金融创新的支配因素是降低交易成本”。

希克斯和尼汉斯的交易成本创新理论这个命题包括两层含义：一是降低交易成本是金融创新的首要动机；二是交易成本的高低决定金融业务和金融工具是否具有实际意义，金融创新实质上是对科技进步导致交易成本降低的反映。

交易成本的概念比较复杂。一种观点认为，交易成本是买卖金融资产的直接费用(其中包括各方面转移资产所有权的成本、经纪人的佣金、借入和支出的非利率成本，即“机会成本”)；另一种观点认为，交易成本应考虑以下因素，即投资风险、资产预期净收益、投资者的收入和财产、货币替代品的供给，因此，持有货币是低收入经济个体以既定转换成本避免风险的方式。

交易成本内涵的复杂并没有降低人们研究它的兴趣。希克斯把交易成本和货币需求与金融创新联系起来，得出了以下逻辑关系：交易成本是作用于货币需求的一个重要因素，不同需求对不同类型的金融工具产生要求，交易成本的高低使经济个体对需求的预期发生变化；交易成本降低的趋势促使货币向更为高级的形式演变和发展，产生新的交换媒介、新的金融工具；不断地降低交易成本就会刺激金融创新，改善金融服务。因此，可以说金融进化的过程就是不断降低交易成本的过程。

交易成本理论把金融创新完全归于金融微观经济结构的变化引起的交易成本下降，这是有一定的局限的。因为它忽视了交易成本降低并非完全由科技进步引起，竞争也会使交易成本不断下降，外部经济环境的变化对降低交易成本也有一定的作用。所以交易成本理论单纯从交易成本的下降来解释金融创新的原因，不免有把问题的内部属性看得过于简单之嫌。但是，它仍不失为研究金融创新的一种有效的分析方法。

3. 肖小和

肖小和提出需要依据供应链的金融理念，以票据产品链为抓手，加大对票据承兑、贴现等业务的推进力度，依托供应链票据连接中小微企业，开展票据贴现、商票保贴、商票保证、票据池等业务，实现对客户票据信息的检测。曾出版《中国票据市场发展研究》一书。

4. 王成密

王成密（2012）从企业视角以某集团有限公司为例，进行了票据池建设与管理研究，验证了集团企业使用票据池服务给企业资金管理工作带来的益处，并从管理模式到建设实施、规划安排进行了分析，为票据池课题研究提供了参考，但对于搭建过程中的管理问题，尚缺乏对于票据池不同应用模式的对比分析。曾发表《中国东方电气集团有限公司票据池建设与管理研究》。

5. 池武

池武（2013）从银行视角开展票据业务创新研究，提出了针对企业票据集约管理、不同现金流需求的票据组合产品，其中包括票据池服务，为票据池课题的理论研究提供了支撑。曾发表《关于商业银行发展票据融资业务的思考》。

6. 韩怡

韩怡（2013）以集团企业的资金集中管理课题开展研究，提出了集团可以通过现金池和票据池搭建实现资金集中管理，并提到了财务公司搭建票据池的初步建设方案，为票据池课题的应用研究提供了支撑。曾发表《集团企业的资金集中管理研究——以 A 集团为例》。

票据是怎么流通的?

从票据的整个流通过程来看，票据市场类似于资本市场，票据流通市场也可以分为一级市场和二级市场。

一级市场以票据支付为主，主要发生在企业之间。如 A 化工公司由于发展需要向 B 煤炭企业采购一批价值 200 万元的煤炭。由于生产周期等原因需要 6 个月后交货，为了解决双方结算问题，A 化工公司向 E 商业银行质押 100 万元资产，即缴纳 50% 金额的保证金，由 E 商业银行开出一张敞口为 100 万元、额度为 200 万元的银行承兑汇票。也就是说，A 化工公司凭借这张银行承兑汇票，半年到期后将无条件支付 200 万元现金。于是，A 化工公司将银行承兑汇票交付 B 煤炭企业，B 煤炭企业则为其挖掘煤炭，但是 B 煤炭企业在开采煤炭的过程中需要采购设备，于是将收到的银行承兑汇票当作“信用背书”转给 C 设备生产工厂。等银行承兑汇票到期后，C 设备生产工厂从承兑银行 E 处获得 200 万元现金，同时 A 化工公司向银行偿还 100 万元的敞口。

二级市场就是票据的交易市场，即票据贴现市场，就是在持票企业急需用钱时，可以把手里的票据卖给其他人，如银行或者金融机构等。当然，这样企业就不能获得票面上的金额了，需要扣去一定的费用，然后也就有了贴现率。

如果B煤炭企业急需现金，但是银行承兑汇票6个月后才到期，该企业可到D商业银行处直接贴现。D商业银行支付B煤炭企业195万元现金，获得面额为200万元的银行承兑汇票，而差额5万元即贴现利息。如D商业银行在持有银行承兑汇票3个月后由于资金流动性紧张，可在同业市场将该银行承兑汇票以196万元转让给资金流动相对宽裕的F商业银行。F商业银行持有到期银行承兑汇票后，可从承兑E商业银行处获得200万元现金，同时A化工公司需要偿还对E商业银行的敞口。这就是票据市场的交易，也就是二级市场的融通。

什么是票据池?

根据许多商业银行公开披露的关于票据池业务的有关材料，我们在商业银行已开办的票据池业务功能与服务的基础上，为现行票据池业务做如下定义：企业客户将其持有的尚未到期的商业汇票交予商业银行管理，或作为押品形成客户或成员单位共享的担保额度，用于客户或成员单位申请承兑新的银行承兑汇票、办理流动资金贷款或其他表内外资产业务。

现有的票据池业务包含两部分内容：一是基本的票据管理业务，即根据客户的需求，提供票据代保管、信息登记、审验查询查复、托收、贴现等基础服务，降低客户管理成本、控制业务风险；二是增值的授信服务，即以票据池提供票据质押担保，形成客户可用的授信额度支持，办理贷款票据承兑等表内外资产业务。对企业而言，票据池业务的功能在于银行提供了一揽子票据综合服务，降低了票据管理成本并增加了授信额度，尤其是便于集中管理集团客户的票据实物，共享授信额度后给成员单位带来了融资便利。对商业银行而言，则可增加中间业务收入，并可基于入池票据质押，连带产生多项资产业务或组合业务。

大部分商业银行对票据池的定义是："票据池业务是指协议银行为满足企业客户对所持有的票据进行统一管理、统筹使用的需求，向企业提供的集票据托管和托收、票据质押池融资、票据贴现、票据代理查询、业务统计等功能于一体的票据综合管理服务。"

票据池的重要理念是什么?

票据池的重要理念是从现金管理到票据管理，把票据资产作为重要的金融资产管理。

票据池的核心管理能力是什么?

大型集团企业在日常的票据管理中，应建立"从票据管理转为额度管理"的管理原则（见图 1–9）。一是无财务公司的大型集团企业的各成员单位通过统一的票据池合作银行签收票据，票据签收后自动质押进票据池形成低风险授信额度，成员单位根据资金计划使用额度开立票据对外支付。二是有财务公司的大型集团企业的各成员单位通过集团财务公司电票系统签收票据，票据签收后自动质押进外部银行票据池形成低风险授信额度，成员单位根据资金计划使用额度开立票据对外支付。

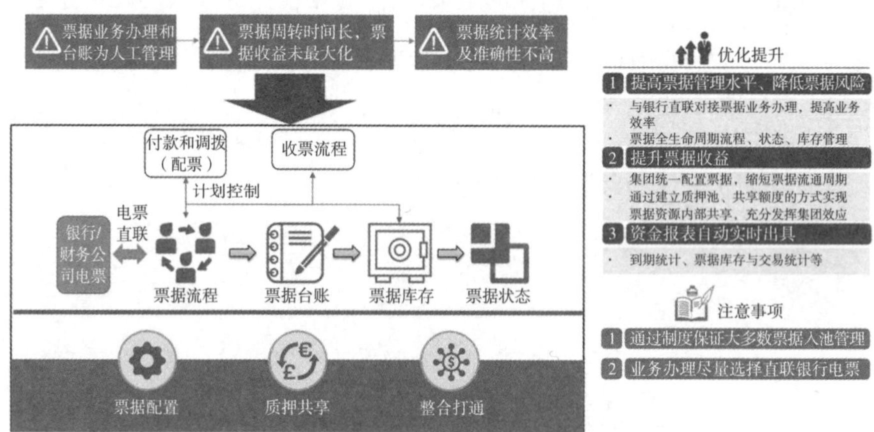

图 1-9　从票据管理转为额度管理的管理原则

票据的鉴别方法有哪些？

中小微企业抗风险能力较弱，尤其应注意票据的鉴别工作，防范风险。

票据的使用极大地方便了企业的经济交往，促进了市场经济的发展。随着票据信誉的不断提高，一些不法分子利用假票据进行欺诈活动，严重损害企业的利益，企业必须加大措施，提高鉴别假票据的能力。

识别真假票据首先要认清票据的特征。真票据具有七项特征。一是纸质票据由中国人民银行批准的印刷厂统一印制，具有统一规定的格式、联次、颜色和规格。二是在紫光灯下，纸质票据在规定的位置有人民银行行徽或各专业银行行徽的荧光反应。三是商业承兑汇票的票号以 2 位英文字母冠首，其后是 8 位阿拉伯数字；银行承兑汇票是以分式冠首，上面是 2 位英文字母，下面是 2 位阿拉伯数字，分式后是 8 位阿拉伯数字。四是纸质票据的票号以渗透性油墨印制，正面为黑色，字迹清晰、端正、间隔相等；反面为浅红色，整个号码区域用手摸有明显的凹凸感。五是纸质票据大写金额红水线栏使用水溶性荧光油墨，在紫光下有荧光反应。六是在白光的照射下，纸质票据会显现出满版水印，银行承兑汇票和商业承兑汇票水印内容不同。七是纸质票据的背面有二维标识码，在紫光下有微弱的荧光反应。

真票据应具备以下几点要素（充分必要条件）：一是标明“商业承兑汇票”或“银行承兑汇票”字样；二是无条件支付的委托；三是确定的金额，票据金额同时以中文大写和数字记载，二者必须一致，不一致的票据无效；四是收款人名称与付款人名称不能相同，其开户银行可以相同，也可以不同；五是票据的出票日期必须是中文大写，且纸质票据到期日与出票日间隔最长不超过 6 个月，电子票据到期日与出票日间隔最长不超过 12 个月；六是出票人签章不符合规定则签章无效；七是单位在票据上的签章应为该单位的财务专用章或者公章，加其法定代表人或其授权代理人的签名或者盖章，商业承兑汇票的承兑人在票据上的签章应为其预留银行的签章；八是银行承兑汇票的承兑人签章，应为经中国人民银行批准使用的该银行汇票专用章，加其法定代表人或授权经办人的签名或盖章，银行用公章进行承兑的，亦应承担票据责任，承兑人签章不符合有关规定，其签章无效，但不影响其他符合规定签章的效力，票据上的记载事项应当真实，不得伪造、变造；九是票据上有伪造、变造签章的，不影响票据上其他真实签章的效力；十是票据上其他记载事项被变造的，在变造之前签章的人对原记载事项负责，在变造之后签章的人对变造之后的记载事项负责，不能分清的，视同在变造之前签章。票据金额、日期、收款人名称不得更改，更改的票据无效。对于其他记载事项，原记载人可以更改，更改时应由原记载人签章证明。银行承兑汇票的原记载人为出票企业，银行不得更改银行承兑汇票。商业汇票的流通应当在规定的区域内进行，限定流通区域的票据只能在限定的区域内流通；注明“不得转让”字样的票据，不得背书转让，只能持票到期收款。

纸质票据的真伪鉴别方法如下。一是观察其纸张颜色、印章颜色和形状是否有异，观看汇票的纹印是否清晰，观看号码、金额书写区域内是否有涂改迹象。二是摸汇票的纸张是否有轻薄的感觉，手感是否有异；摸号码区域是否有毛糙感觉，是否有明显的凹凸感。三是在白光和紫光下照射，观看号码区、金额书写区域、二维标识码及背书印刷字体的颜色是否有异。

如果企业高层管理人员、业务人员、财务人员对上述票据的特征、要素和鉴别把握不准，应及时送票据池合作银行进行查询，谨防上当受骗，给企业造成不应有的损失。

供应链票据是什么?

2020 年春季，上海票交所发布公告《上海票交所供应链票据平台上线试运行》。为更好地服务中小微企业，支持供应链金融规范发展，经中国人民银行同意，上海票交所积极推动应收账款票据化，建设开发了供应链票据平台。2020 年 4 月 24 日，供应链票据平台成功上线试运行。首批参与试运行的 4 家供应链金融平台中的企业覆盖制造业、软件和信息技术服务业、电力、热力生产和供应业、批发和零售业等行业。当日，共有 17 家企业签发票据 17 笔，共 104.42 万元；2 家企业背书流转票据 3 笔，共 5.1 万元。

供应链票据平台依托电子商业汇票系统，与供应链金融平台对接，为企业提供电子商业汇票的签发、承兑、背书、到期处理、信息服务等功能，通过供应链票据平台签发的电子商业汇票称为供应链票据。供应链企业之间产生应收应付关系时，可以通过供应链票据平台直接签发供应链票据。供应链票据可以在企业间转让，通过贴现或标准化票据融资。

供应链票据是上海票交所的又一重大创新，主要解决中小微企业的应收账款问题，以及融资难、融资贵问题，创造性地通过供应链票据及标准化票据来实现。供应链票据解决了贸易背景审核问题，绕开银行直入贸易环节。供应链票据解决标准化问题："可拆分 + 可转让 + 可支付 + 可融资"。供应链票据的"四可"功能将会使其成为一个"全能支付融资工具"。但市场核心还在于如何甄别信用，具有功能不一定代表会被市场接受，希望供应链票据可以规避"应收账款电子凭证"的弊端，真正发挥其效能。

已创设的标准化票据有哪些?

2019 年，上海票交所官网公布了已创设的标准化票据共 4 期，其中已兑付 3 期，每一期的创设大致涉及 4 个公告，分别为:《关于申报创设 2019 年第 1 期标准化票据的公告》《2019 年第 1 期标准化票据申购公告》《2019 年第 1 期标准化票据创设结果公告》《2019 年第 1 期标准化票据兑付公告》。

概括下来，上海票交所发公告的逻辑是：发申报创设公告就表明上海票交所要做新产品了，看看企业手里有没有符合票交所要求的资产；发申购公告就是票交所给企业找好资产了，投资人可以看看是否能投资；发创设结果公告就是资产和投资人已到位，随即公示结果；发兑付公告就是基础资产即将到期，向市场参与者披露兑付情况，给投资人兑付。

根据上述的 16 期公告，会得到表 1–1。

表 1–1　　票据的价格和要素一览

序号	要素	要素解释	第一期	第二期	第三期	第四期
1	基础资产	—	锦州银行承兑、中小金融机构贴现的商业汇票，到期日分布在 2019–11–14—11–19	锦州银行承兑、中小金融机构贴现的商业汇票，到期日分布在 2019–10–18—10–24	锦州银行承兑、国股大行贴现的商业汇票，到期日分布在 2019–11–13—11–18	江苏银行承兑的未贴现票据，到期日分布在 2020–08–21—08–24
2	预期创设规模	—	不超过 5 亿元	不超过 5 亿元	不超过 4 亿元	不超过 2 亿元
3	实际创设总额	—	5 亿元	4.67 亿元	3.13 亿元	1 亿元
4	创设预期期限	—	自正式创设之日起 3 个月	自正式创设之日起约 2 个月	自正式创设之日起约 3 个月	自正式创设之日起不超过 12 个月
5	申购日	—	2019–08–19	2019–08–29	2019–08–28	2019–09–10

续表

序号	要素	要素解释	第一期	第二期	第三期	第四期
6	缴款日	—	2019-08-20	2019-08-29	2019-08-29	2019-09-11
7	登记日	—	2019-08-20	2019-08-29	2019-08-29	2019-09-11
8	起息日期	—	2019-08-20	2019-08-29	2019-08-29	2019-08-11
9	流通日	—	2019-08-21	2019-08-30	2019-08-30	2019-08-12
10	流通结束日	—	2019-11-19	2019-10-24	2019-11-18	2019-08-24
11	到期（兑付）日期	—	2019-11-20	2019-10-25	2019-11-19	2020-08-25
12	实际期限	—	92 天	57 天	82 天	349 天
13	融资利率	—	4.55%～5.35%（参考同期锦州银行同业存单利率水平）	4.55%～5.15%	3.8%～4.00%	3.0%～3.4%
14	面值	—	100 元	100 元	100 元	100 元
15	创设价格（元/百元）	—	98.7478	99.2717	99.18	97.0723
16	认购利率	—	4.9	4.6	3.6	3.02
17	委托机构	—	持有符合标准化票据要求的基础资产，并申报成功的机构	持有符合标准化票据要求的基础资产，并申报成功的机构	持有符合标准化票据要求的基础资产，并申报成功的机构	持有符合标准化票据要求的基础资产，并申报成功的企业
18	存托机构	为本期标准化资产提供基础资产管理、产品创设、标准化票据交易、清算结算、信息等服务	票交所	票交所	票交所	票交所
19	托管机构	—	上清所	上清所	上清所	上清所
20	经纪机构	提供基础资产联络/推荐等服务	无	招商银行	招商银行和江苏银行	江苏银行

续表

序号	要素	要素解释	第一期	第二期	第三期	第四期
21	承销机构	—	国泰君安	国泰君安（主承销商）；华泰证券（联席主承销商）	江苏银行（承销）	华泰证券
22	财务顾问	—	国泰君安	无	无	无
23	簿记管理人	—	国泰君安	国泰君安	江苏银行	华泰证券
24	法律顾问	—	锦天城	金杜	金杜	金杜
25	投资人	—	票据市场参与者	银行间债券市场参与者（投资人不得同时为委托机构）	银行间债券市场参与者（投资人不得同时为委托机构）	银行间债券市场参与者

即使样本只有 4 个，仔细比对也会发现，上海票交所在发展标准化票据方面不断地尝试创新、精进业务。

（1）在基础资产选择方面，前三期选择的是锦州银行作为承兑人的已贴现银票，第四期选择的是江苏银行的未贴现银票。

（2）前三期承兑人相同，都是锦州银行的已贴现票据，但票交所对贴现人又做了一次区分：第一、二期产品中贴现人是中小金融机构，第三期贴现人变成了国股大行。这直接影响了认购利率，第一、二期的认购利率为 4.6，第三期的为 3.6。

（3）配合未贴现票据的身份，在第四期产品中，委托机构由之前的持票并申报成功的机构，变成了持票并申报成功的企业。

（4）在第一期产品中，还有财务顾问角色的出现，后三期产品立即引入了经纪机构来提供基础资产联络、推荐服务，既满足了产品结构中对资产服务的需求，又顾全了票据经纪的大局。

标准化票据创设的业务流程是什么?

在时间流程上，创设一期标准化票据理论上 4 天可以完成。标准化票据创设流程如表 1–2 所示。

表 1–2　　标准化票据创设流程

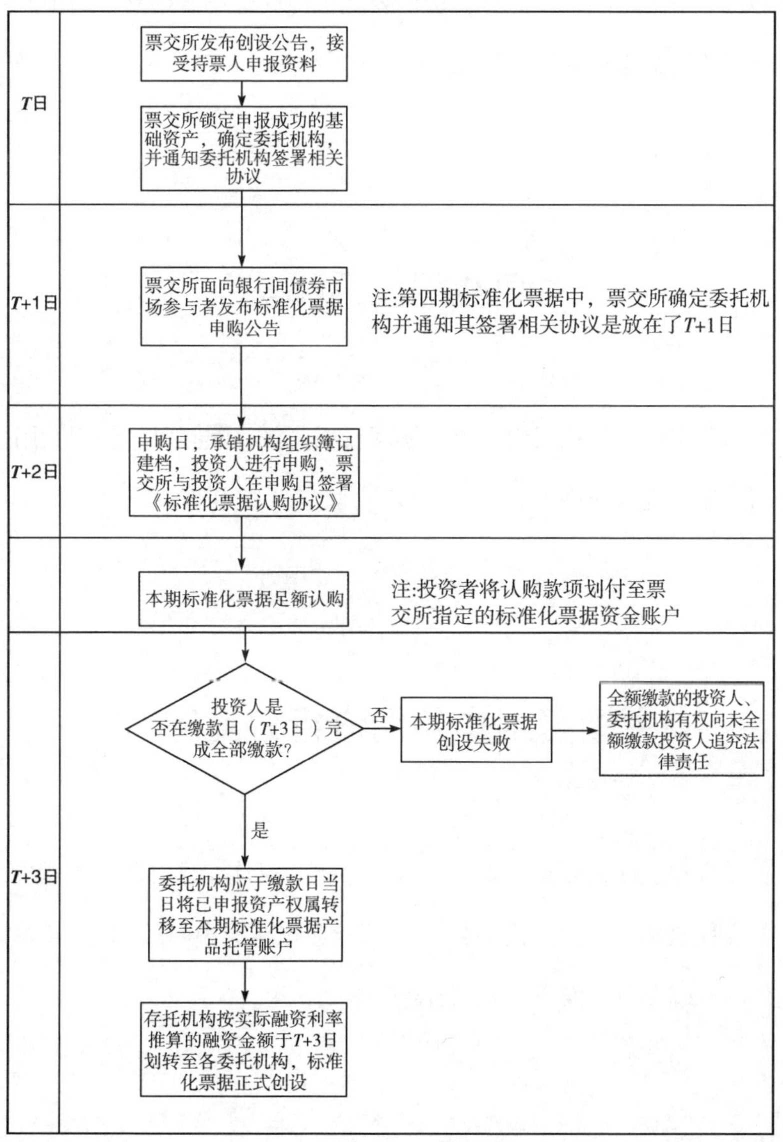

标准化票据创设时，资金是如何划付的？

（1）投资人需要在缴款日当天完成全部缴款。

（2）票交所将委托机构或企业已申报的资产转移至本期标准化票据产品托管账户后，票交所按实际融资利率推算的融资金额于标准化票据创设当日，从标准化票据资金账户中划转至各委托机构或企业在《标准化票据业务协议》中指定的银行账户。资产委托机构或企业需要支付的中间费用由票交所从资金账户内代为划扣。

中间费用包括哪些?

中间费用包括存托费用、财务顾问费用、法律顾问费、经纪费用、承销费用、托管机构费用等。

中间费用是如何进行分配的?

委托机构融资金额 = 基础资产票面总额 – 应计利息总额 – 中间费用。

各委托机构承担的中间费用 = 本期标准化票据中间费用 × 各委托机构提供的基础资产票面金额 / 基础资产票面总额。

标准化票据到期兑付的流程是什么?

《标准化票据业务协议》中规定，委托票据到期时，票交所根据其与投资者的相关协议约定，代为行使提示付款权和追索权。

基础资产票面到期日，票面承兑人进行兑付，并将兑付资金划付至开立在上海清算所的当期标准化票据产品资金账户。

标准化票据托管在上海清算所，其兑付资金由上海清算所在产品到期兑付日划付至标准化票据持有人指定的银行账户。

产品到期兑付日和基础资产票面载明的票据到期日不一致如何处理?

产品到期兑付日为所有基础资产票面到期日的后一天，在票交所发布的《关于 2019 年第 1 期标准化票据交易流通的说明》中，在产品到期日每份额净值定义中写明“因标准化票据基础资产到期日不一致产生的资金账户沉淀利息及闲置资金（若有)，使标准化票据到期日每份额实际可分配资金大于面值”。即到期日不一致，可以在资金账户中产生沉淀利息，利息按活期计算。

票交所拥有对持票人的追索权吗?

票交所和资产委托机构或企业签署的《标准化票据业务协议》中明确规定，自本期标准化票据正式设立之日起，经所有投资者同意，票交所承诺放弃委托票据项下对资产委托机构或企业等持票人的追索权，但持票人是委托票据承兑人、贴现人或保证人的除外。

标准化票据产品在创设之后是否可以流通?

标准化票据产品理论上是可以在市场上流通的，流通日等于起息日后一天，结束流通日等于到期日前一天，简言之就是起息日后一天可以流通，产品到期前一天要结束流通。但实际上已经创设的 4 期产品，经初始投资人投资之后，都暂未在市场上流通。

标准化票据的配售是什么?

一、配售的有关定义

（1）合规申购意向函。合规申购意向函指由有意申购本期标准化票据的投资者发出的符合以下条件的申购意向函。

① 投资者的申购意向函在规定的申购期间内传真或发送扫描件至指定人电子邮箱。

② 申购意向函的内容和格式符合规定的要求。

③ 申购意向函中的申购利率位于规定的申购利率区间。

（2）有效合规申购意向函。有效申购意向函指在标准化票据认购利率以下（含）仍有申购金额的合规申购意向函。

（3）有效合规申购金额。有效申购金额指每一有效申购意向函中在标准化票据认购利率以下（含）的申购总金额。

（4）有效合规申购总金额。有效申购总金额指所有有效申购意向函中的有效申购金额总和。

二、配售的原则

（1）如有效合规申购总金额等于标准化票据创设规模，则对全部有效申购进行全额配售。

（2）如有效合规申购总金额超过标准化票据创设规模，则对标准化票据认购利率以下的全部合规申购进行全额配售，对等于标准化票据认购利率的合规申购按申购比例配售。

票交所和上海清算所在标准化票据业务流程中分别扮演什么角色?

票交所在前 4 期产品中是存托机构，负责基础资产管理、标准化票据的创设、信息服务等。

上海清算所在前 4 期产品中是托管机构，负责标准化票据产品的托管和资金的清算结算。

存托机构需要到托管机构开立同一个名字的两个账户：一个是资金账户，一个是托管产品账户。

上海清算所是银行间市场清算所股份有限公司的简称，于 2009 年 11 月 28 日成立，是中国人民银行认定的合格中央对手方，已获得美国商品期货交易委员会许可，可向美国清算会员自营交易提供清算服务，同时是我国公司信用债券登记托管结算中心。

上海清算所以“规范化、市场化和国际化”为目标，为金融市场直接和间接的本外币交易及衍生产品交易提供登记、托管、清算、结算、交割、保证金管理、抵押品管理，以及信息服务、业务咨询等服务。

上海清算所积极落实金融服务实体经济的本质要求，同步推进中央对手清算与登记托管结算业务，现已建立我国场外金融市场中央对手清算服务体系，覆盖债券、利率、外汇和汇率、大宗商品、信用衍生品市场，同时为公司信用债和货币市场工具等创新金融产品提供登记托管和清算结算服务。

作为全球金融危机后防范系统性风险的重要金融市场基础设施，上海清算所严格按照支付结算体系委员会国际清算银行和国际证监会组织技术委员会（IOSCO）联合发布的《金融市场基础设施原则》（FMI）国际标准，建立了完整、高效、先进的风险管理体系；2015 年成为全球中央对手方协会（CCP12）执委会委员，随后成功推动协会于 2016 年落户上海、2017 年 1 月正式运营，参与并促成协会于 2017 年 11 月发布了首个清算行业国际标准《CCP12 量化披露实务标准》。

票据的特征有哪些?

依《中华人民共和国票据法》原理，票据具有设权性、流通性、无因性、文义性、要式性、独立性等特征。

票据是设权证券。票据权利的产生必须先做成票据，没有票据就没有票据权利。

票据是流通证券，具有流通性。票据上的权利经背书或单纯交付即可转让他人。一般来说，无记名票据可依单纯交付而转让；记名票据须经背书交付才能转让。

票据是无因证券，具有无因性。票据上的法律关系是一种单纯的金钱支付关系，权利人享有票据权利只以持有符合《中华人民共和国票据法》规定的有效票据为必要，不受票据赖以发生的原因影响。

票据是文义证券，具有文义性。票据的文义性是指一切票据权利义务的内容，应当严格按照票据上记载的文义，并根据《中华人民共和国票据法》的规定予以解释或者确定，此外的任何理由和事项都不得作为根据。即使当事人在票据上记载的文义有误，也不能以票据以外的内容来变更或补充。票据的这一特征有利于保护善意持票人，维护票据的流通性，确保交易安全。

票据是要式证券，具有要式性。《中华人民共和国票据法》严格规定了票据的制作格式和记载事项。对票据所做的一切行为，如出票、背书、承兑、保证、付款、追索等，也必须严格按照《中华人民共和国票据法》规定的程序和方式进行，否则将影响票据效力。

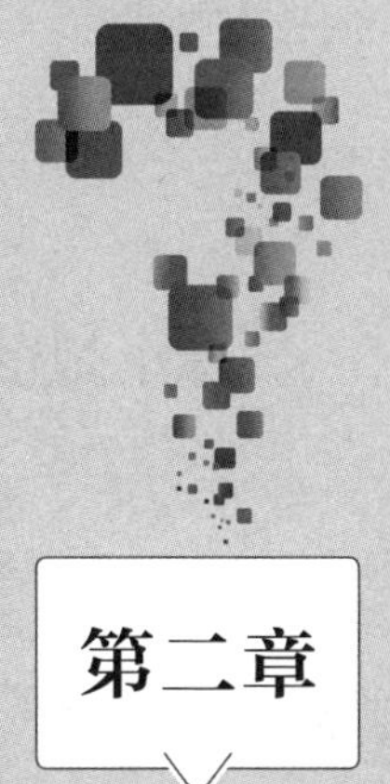

第二章

业务模式答疑

票据池业务问答

中小微企业为什么需要建立票据池?

一、中小微企业融资难的现状

中小微企业对市场转变的适应更为灵活，但这类企业规模较小，在筹集资金方面比较困难，因为企业缺乏丰厚的资产作为向银行贷款的抵押。不少地区的政府出台政策为中小微企业提供特别贷款，以帮助其发展。其实，股票市场的第二主板也是中小微企业筹集资金的途径，因为第二主板的门槛通常都较低。

融资的定义如图 2-1 所示。

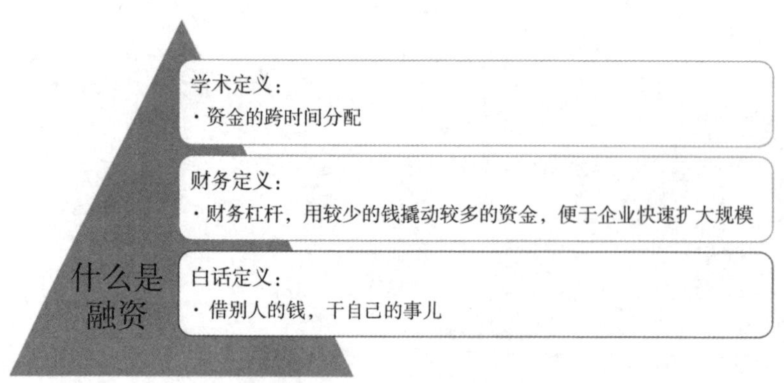

图 2-1 融资的定义

融资困难已成为制约我国中小微企业发展的第一大障碍，主要体现在以下两方面：

一是融资方式比较单一，缺少直接的市场融资渠道。中小微企业很少能够采用发行债券的融资方式募集资金，且能够发行股票上市融资的企业也为数不多。

据统计，我国 2/3 的中小微企业无法得到外部金融机构的融资服务。国际金融公司曾对我国中小微企业进行抽样调查，发现其融资结构如下：依靠内部积累占 78%；银行贷款仅占 10%；亲友借贷、内部集资及民间借贷等非正规融资渠道占 5%；商业信用占 3%；其他类型融资占 4%，而且由于中小微企业规模偏小，发展前景不明朗，本身的资信水平不高，加之与银行等金融机构的信息不对称，提高了金融机构在向中小微企业提供信贷时的交易成本与风险，使中小微企业向银行贷款困难。

二是获得贷款的金额普遍不高且期限较短，成本较高，主要用来解决临时性的流动资金不足问题，很少用于项目的开发和扩大再生产等方面。

二、中小微企业发展票据池业务的必要性

票据池业务是解决中小微企业票据管理和融资压力的有效手段。由于票据贴现业务较贷款业务而言，操作手续较简便，审批速度相对较快，安全性和流动性较高，因此，票据融资近年来得到中小微企业的青睐，票据业务量增长迅速。票据融资在解决中小微企业融资难问题、降低中小微企业融资成本的同时，也增加了其管理票据的压力。比如，票据造假、欺诈，对中小微企业资金和财产安全危害极大；票据保管和在中小微企业内部传递存在安全隐患，且占用企业过多人力；票据融资分散，不利于中小微企业统一管理；等等。票据池存管业务提供了票据代保管、真伪审验、质量鉴定查询传递、托收等一揽子票据后台管理服务。中小微企业将纸质票据实物管理外包给银行，简化了办理各类票据业务的操作，减轻了财务人员

的负担，可有效解决中小微企业票据保管、审验、传递、托收和信息管理等方面的问题，降低中小微企业管理票据的操作成本和财务成本，提高管理的精细化和专业化程度，有效控制中小微企业票据风险隐患。

随着经济的快速发展和全球一体化进程的推进，中小微企业的数量日趋增加，规模也逐渐扩大，分布范围广、业务多元化、组织结构复杂等特点也日益凸显。因此，提升企业财务管理效率，发挥集团规模优势和资源协同效应，逐渐成为中小微企业提升综合实力的重要因素。企业的运营离不开资金，中小微企业也要格外重视资金管理。票据作为资金管理的重要组成部分，也日益受到中小微企业的重视。如何挖掘票据的准现金价值，使这些趴在资产负债表上的票据为当下所用，已成为近年来中小微企业提升财务管理的更高层次目标。

票据作为企业间、银行间、银行和企业间的融资工具，兼具结算和融资功能，并以较高的流动性和稳定的收益成为集团企业资金管理的重要关注对象。近年来，随着票据市场的不断发展、创新，票据改革持续推进，面对中小微企业票据资产管理的金融服务创新随之深入，票据池产品被顺势推出。本书中的票据池业务特指企业与商业银行间签订票据池业务服务协议，将企业合法取得的并享有完全票据权利的商业汇票委托商业银行管理，由商业银行提供票据实物保管、委托收款、票据信息查询、影像存储、票据贴现等基础服务。在此基础上，由入池票据质押和保证金质押共同形成最高额票据池质押额度，供集团总部及成员单位在票据池额度项下办理银行承兑汇票、短期流动性贷款等融资业务。通过票据池业务，集团企业可统筹使用、调剂、融通集团总部及成员单位的票据，最大限度地降低企业的财务成本，提升财务管理效率和集团企业的整体资产质量。

虽然我国企业的资金管理模式各不相同，但是资金集约化管理这一目标是一样的，也就是通过合理配置、统筹调剂各成员单位的资金，从而提高集团整体的资金使用效率和资产质量。因此，票据池的应用对于中小微企业财务和资金集约化管理目标的实现有重要的现实意义。

《中小企业划型标准规定》是什么？

根据《中华人民共和国中小企业促进法》和《国务院关于进一步促进中小企业发展的若干意见》（国发〔2009〕36 号），具体标准根据企业从业人员、营业收入、资产总额等指标，结合行业特点制定。

各行业划型标准如下。

（1）农、林、牧、渔业。营业收入 20 000 万元以下的为中小微型企业。其中，营业收入 500 万元及以上的为中型企业，营业收入 50 万元及以上的为小型企业，营业收入 50 万元以下的为微型企业。

（2）工业。从业人员 1 000 人以下或营业收入 40 000 万元以下的为中小微型企业。其中，从业人员 300 人及以上，且营业收入 2 000 万元及以上的为中型企业；从业人员 20 人及以上，且营业收入 300 万元及以上的为小型企业；从业人员 20 人以下或营业收入 300 万元以下的为微型企业。

（3）建筑业。营业收入 80 000 万元以下或资产总额 80 000 万元以下的为中小微型企业。其中，营业收入 6 000 万元及以上，且资产总额 5 000 万元及以上的为中型企业；营业收入 300 万元及以上，且资产总额

300 万元及以上的为小型企业；营业收入 300 万元以下或资产总额 300 万元以下的为微型企业。

（4）批发业。从业人员 200 人以下或营业收入 40 000 万元以下的为中小微型企业。其中，从业人员 20 人及以上，且营业收入 5 000 万元及以上的为中型企业；从业人员 5 人及以上，且营业收入 1 000 万元及以上的为小型企业；从业人员 5 人以下或营业收入 1 000 万元以下的为微型企业。

（5）零售业。从业人员 300 人以下或营业收入 20 000 万元以下的为中小微型企业。其中，从业人员 50 人及以上，且营业收入 500 万元及以上的为中型企业；从业人员 10 人及以上，且营业收入 100 万元及以上的为小型企业；从业人员 10 人以下或营业收入 100 万元以下的为微型企业。

（6）交通运输业。从业人员 1 000 人以下或营业收入 30 000 万元以下的为中小微型企业。其中，从业人员 300 人及以上，且营业收入 3 000 万元及以上的为中型企业；从业人员 20 人及以上，且营业收入 200 万元及以上的为小型企业；从业人员 20 人以下或营业收入 200 万元以下的为微型企业。

（7）仓储业。从业人员 200 人以下或营业收入 30 000 万元以下的为中小微型企业。其中，从业人员 100 人及以上，且营业收入 1 000 万元及以上的为中型企业；从业人员 20 人及以上，且营业收入 100 万元及以上的为小型企业；从业人员 20 人以下或营业收入 100 万元以下的为微型企业。

（8）邮政业。从业人员 1 000 人以下或营业收入 30 000 万元以下的为中小微型企业。其中，从业人员 300 人及以上，且营业收入 2 000 万元及以上的为中型企业；从业人员 20 人及以上，且营业收入 100 万元及以上的为小型企业；从业人员 20 人以下或营业收入 100 万元以下的为微型企业。

（9）住宿业。从业人员 300 人以下或营业收入 10 000 万元以下的为中小微型企业。其中，从业人员 100 人及以上，且营业收入 2 000 万元及以上的为中型企业；从业人员 10 人及以上，且营业收入 100 万元及以上的为小型企业；从业人员 10 人以下或营业收入 100 万元以下的为微型企业。

（10）餐饮业。从业人员 300 人以下或营业收入 10 000 万元以下的为中小微型企业。其中，从业人员 100 人及以上，且营业收入 2 000 万元及以上的为中型企业；从业人员 10 人及以上，且营业收入 100 万元及以上的为小型企业；从业人员 10 人以下或营业收入 100 万元以下的为微型企业。

（11）信息传输业。从业人员 2 000 人以下或营业收入 100 000 万元以下的为中小微型企业。其中，从业人员 100 人及以上，且营业收入 1 000 万元及以上的为中型企业；从业人员 10 人及以上，且营业收入 100 万元及以上的为小型企业；从业人员 10 人以下或营业收入 100 万元以下的为微型企业。

（12）软件和信息技术服务业。从业人员 300 人以下或营业收入 10 000 万元以下的为中小微型企业。其中，从业人员 100 人及以上，且营业收入 1 000 万元及以上的为中型企业；从业人员 10 人及以上，且营业收入 50 万元及以上的为小型企业；从业人员 10 人以下或营业收入 50 万元以下的为微型企业。

（13）房地产开发经营。营业收入 200 000 万元以下或资产总额 10 000 万元以下的为中小微型企业。其中，营业收入 1 000 万元及以上，且资产总额 5 000 万元及以上的为中型企业；营业收入 100 万元及以上，且资产总额 2 000 万元及以上的为小型企业；营业收入 100 万元以下或资产总额 2 000 万元以下的为微型企业。

（14）物业管理。从业人员 1 000 人以下或营业收入 5 000 万元以下的为中小微型企业。其中，从业人员 300 人及以上，且营业收入 1 000 万元及以上的为中型企业；从业人员 100 人及以上，且营业收入 500 万元及以上的为小型企业；从业人员 100 人以下或营业收入 500 万元以下的为微型企业。

（15）租赁和商务服务业。从业人员 300 人以下或资产总额 120 000 万元以下的为中小微型企业。其中，从业人员 100 人及以上，且资产总额 8 000 万元及以上的为中型企业；从业人员 10 人及以上，且资产总额 100 万元及以上的为小型企业；从业人员 10 人以下或资产总额 100 万元以下的为微型企业。

（16）其他未列明行业。从业人员 300 人以下的为中小微型企业。其中，从业人员 100 人及以上的为中型企业；从业人员 10 人及以上的为小型企业；从业人员 10 人以下的为微型企业。

企业类型的划分以统计部门的统计数据为依据。

大型集团企业建立票据池的必要性是什么?

有财务公司的大型集团企业大部分采取资金集中管理的方式，成效显著。但是大部分企业的票据未纳入集中管理，成员单位大量使用票据进行结算及融资，并采用自行签发、自行贴现的操作方式，暴露了很多问题。分散的票据管理模式减弱了集团层面的资金管控力度，影响了集团资金集中管理的效果，进而降低了集团整体的经济效益。

集团企业成员单位数量众多，票据资源分散，未能充分发挥规模效益，与银行的议价能力不足，无法通过票据质押获得银行足够的授信额度，同时在贴现利率、贷款利率、手续费费率、保证金减免等方面的财务成本较高。纸质票据的收取和支付存在风险：一是成员单位存在收取纸质银行承兑汇票（以下简称“纸票”）的合法性和合规性难以识别的风险；二是支付环节存在手续不齐全、丢失、损毁等风险。电子票据的收取存在风险，一是成员单位收取的电子银行承兑汇票（以下简称“电票”）存在承兑行无法正常兑付的风险，如宝塔石化财务公司、包商银行等；二是票据使用过程中出现“以大换小”“以好换坏”“以长期换短期”的现象。票据资源难以配置，影响集团企业社会信誉，成员单位收取的票据存在金额错配、期限错配、额度错配、持票单位与用票单位不匹配等问题，且地方性银行票据实际可使用范围狭窄，无法通过银行办理票据拆分业务，难以满足生产经营支付，社会信誉受到不良影响。

票据池的优点是什么?

（1）增加授信规模，降低财务成本。一是通过票据池的低风险授信，可突破限制类行业难以新增授信和放款额度受控的瓶颈；二是提高集团企业与银行的议价能力，在贴现利率、贷款利率、手续费费率、保证金减免等方面获得优惠支持。

（2）防范、化解纸质票据收取和支付风险。一是通过票据池合作银行查验等手段严格辨别票据真伪，避免收取有风险的票据；二是收取的纸质票据原则上不得用于对外支付，全部质押进票据池形成开票额度，再开具电子票据对外支付。

（3）防范、化解电子票据承兑风险。一是利用外部银行的风控体系和票据承兑银行风险预警提示模块，阻止风险票据的收取，防范、化解承兑风险；二是严格区分电子银行承兑和电子商业承兑，按照集团企业准入审批规范要求进行收取，杜绝电子商业承兑非准入单位票据的流入。

（4）优化票据资源配置，提高集团企业社会信誉。票据池可以实现票据拆分，成员单位根据实际需求精准开票，满足生产经营付款的及时性需求，改善上下游客商关系，提升社会信誉。

（5）票据池业务是提升集团企业资金集中管理能力的有效途径。票据池业务将企业分散的票据整合入池，存入银行托管，客户特别是集团企业客户可使现有票据经过归集融合，灵活使用，更符合企业资金应用的规律，使现有闲置票据得到最大化利用。建立集团企业票据池的作用如下：一是发挥集团整体优势，对成员单位的票据进行集中管理，全面真实反映企业的票据信息，提升集团企业管控能力；二是利用票据融资职能，盘活票据资产，为企业提供有效的短期融资渠道，提高资金的整体运作效率；三是充分利用票据池资产价值，对集团企业内部成员单位资源共享办理商业汇票承兑、贴现及其他银行授信业务，为集团企业内部创造更多更便利的融资方式，实现对集团企业票据资产收入支出的计划和控制。因此，票据池业务能够充分实现集团企业票据管理的终极目标，对增强集团企业核心竞争优势、发挥集团企业成员单位整体价值最大化具有深远的意义。

如何划分大型企业?

根据国家统计局关于印发《统计上大中小微型企业划分办法（2017）》的通知中的附表“统计上大中小微型企业划分标准”，可将大型企业划分标准整理如下。

（1）农、林、牧、渔业。营业收入 20 000 万元及以上的为大型企业。

（2）工业。从业人员 1 000 人及以上且营业收入 40 000 万元及以上的为大型企业。

（3）建筑业。营业收入 80 000 万元及以上且资产总额 80 000 万元及以上的为大型企业。

（4）批发业。从业人员 200 人及以上且营业收入 40 000 万元及以上的为大型企业。

（5）零售业。从业人员 300 人及以上且营业收入 20 000 万元及以上的为大型企业。

（6）交通运输业。从业人员 1 000 人及以上且营业收入 30 000 万元及以上的为大型企业。

（7）仓储业。从业人员 200 人及以上且营业收入 30 000 万元及以上的为大型企业。

（8）邮政业。从业人员 1 000 人及以上且营业收入 30 000 万元及以上的为大型企业。

（9）住宿业。从业人员 300 人及以上且营业收入 10 000 万元及以上的为大型企业。

（10）餐饮业。从业人员 300 人及以上且营业收入 10 000 万元及以上的为大型企业。

（11）信息传输业。从业人员 2 000 人及以上且营业收入 100 000 万元及以上的为大型企业。

（12）软件和信息技术服务业。从业人员 300 人及以上且营业收入 10 000 万元及以上的为大型企业。

（13）房地产开发经营。营业收入 200 000 万元及以上且资产总额 10 000 万元及以上的为大型企业。

（14）物业管理。从业人员 1 000 人及以上且营业收入 5 000 万元及以上的为大型企业。

（15）租赁和商务服务业。从业人员 300 人及以上且资产总额 120 000 万元及以上的为大型企业。

（16）其他未列明行业。从业人员 300 人及以上的为大型企业。

企业类型的划分以统计部门的统计数据为依据。

能否将票据背书给集团财务公司集中管理?

不能未经允许就将票据足额背书给集团财务公司。因为：一是成员单位将持有的票据背书给集团财务公司是一种贴现或质押行为，票据无法再次流转；二是集团财务公司票据类投放规模有限，无法承载集团企业的全部票据。

能否将票据背书给集团企业本部集中管理?

集团企业成员单位可以将票据背书给集团企业本部，集团企业本部统一将票据质押入池形成授信额度，将额度分配给成员单位新开票据，变票据管理为额度管理。

集团企业票据可否通过商业银行签收？

无财务公司的企业可以通过票据池合作银行统一签收票据，方便票据业务操作。

有财务公司的大型集团企业不允许成员单位通过商业银行签收票据。一是“收支两条线”是资金管理红线，集团财务公司是集团企业成员单位的唯一票据签收单位；二是集团企业所属成员单位数量庞大，若将日常经营收取的票据签收在外部银行票据池，需在银行单独开立账户，工作量巨大，银行无法高效承载；三是集团企业所属成员单位分散在全国各地，集中到银行营业部开户或本大效率不高；四是集团财务公司内部票据池可实现所有成员单位票据的签收、支付等托管功能；五是若成员单位不通过集团财务公司电票系统签收票据，将造成票据信息不可知、票据流向不可控的混乱局面。

可否让成员单位单独与银行合作开展票据池业务？

不能。一是打破了集团企业的票据信息集中管理模式，造成票据信息不可知、票据流向不可控的混乱局面；二是在集团企业票据池建立后，集团企业各成员单位只能在集团企业总票据池业务合作银行开展票据池业务，严禁私自与其他银行合作开展票据池业务及类似业务（拆票）。

票据池质押新开与质押融资的融资性质是什么?

票据池质押新开与质押融资原则上均属于融资行为，二者属于表外业务，是资产负债表不能揭示的业务。从财务角度看，银行业务可分为表内业务和表外业务。这里所说的表是资产负债表。

票据池对集团企业整体授信有什么影响?

票据池授信额度不占用流动资金授信。一是通过票据池的低风险授信，可以突破限制类行业难以新增授信和放款额度受控的瓶颈；二是受票据池业务自身规则的影响，成员单位入池质押金额会纳入集团征信，显示为对外担保，该情况可由集团企业出具情况说明予以解释。

票据池对传统银行信贷成本有什么影响?

票据池业务通过质押票据兑付，能够给企业和银行带来持续的货币资金流入，获取资金浮游量收益，所以合作银行有动力在传统银行信贷合作上给予集团企业及其成员单位更大的支持，如降低传统借贷的利率。

大型集团企业共享票据池额度的内部单位范围是什么？

票据池额度是入池企业间的共同担保事项，是企业用于开立票据的关键资源。在综合分析下属全资子公司、合并报表范围内子公司、成员单位的最大利益及风险防控之后，集团企业应选择成员单位共享票据池额度。集团企业按照各单位质押金额进行额度共享，确保同权同责。

质押入池票据的范围是什么？

可入池质押票据取决于以下三方面：一是集团企业从防范票据承兑风险角度考虑的可收取银行承兑汇票名单；二是成员单位开展生产经营需要收取的票据；三是票据池业务合作银行可接受的票据。集团企业开展票据池业务时会与合作银行洽谈，争取最大限度地扩大可收取票据的范围，以支持成员单位的生产经营。

票据池流动资金贷款与贴现相比具备哪些优势？

一、方便集团管控，统筹使用票据资源

目前大部分集团企业的票据分散在多家子公司，如果任由各子公司独立办理票据融资，则不利于集团统一管控票据资源，更无法实现票据资源使用效率最大化。而通过票据池流动资金贷款，集团可将子公司票据归集起来并统筹管理，根据集团计划及各子公司真实需求，合理、有序调配资金的使用。

二、形成专项额度，降低资金成本

票据池流动资金贷款是根据质押票据量形成票据池额度，入池票据期限为 1 年内均可，可实现长票短用、短票长用，在额度范围内根据企业实际需要发放流动资金贷款，期限灵活。例如，入池 1 000 万元 1 年期票据，企业可办理 1 个月至 1 年期限任意 1 000 万元流动资金贷款，且只需要承担贷款使用期限的利息，而办理 1 000 万元票据贴现，只能办理 1 年期，且必须承担 1 年期的贴现利息。

三、通过票据置换，资金得到循环使用

票据池中质押的票据托收形成保证金后，可通过新入池票据置换保证金，实现资金多次循环使用。例如，3 月质押的票据于 5 月底到期托收回保证金，5 月底可再质押入池一批未到期的票据，置换前一批托收回的保证金供企业循环使用；而如果是票据贴现，则只能是单笔资金使用。假设质押入池 10 000 万元票据，办理 1 年期流动资金贷款，其中 1 000 万元 3 个月后到期，2 000 万元 5 个月后到期，3 000 万元 6 个月后到期，4 000 万元 9 个月后到期，则企业可得到的资金为 20 000 万元 =10 000 万元（业务办理时）+1 000 万元（3 个月后）+2 000 万元（5 个月后）+3 000 万元（6 个月后）+4 000 万元（9 个月后），通过票据置换，可实现资金的多次循环使用。

四、占用同业授信，实现信用增级

企业收到的票据，其承兑银行多种多样，既有国有银行、股份制银行等大银行承兑的票据，又有城商行、地方性小银行承兑的票据，其中大银行票据贴现率低，小银行票据贴现率较高。例如 2020 年 3 月 10 日，股份制和国有银行的票据贴现率为 2.7%，而某地方商业银行承兑的票据贴现率高达 2.95%。票据池业务可占用同业授信，实现信用增级，将小银行的票据转换为大银行承兑汇票，更易支付，贴现率更低，或者直接无差别办理票据池流动资金贷款。

五、协定存款利率计息，资金保值、增值

目前，部分银行的票据池对于托收回款可通过专项定制，按照协定存款年利率计息，实现资金保值、增值，而贴现资金若闲置，仅按照活期存款利率计息。

六、案例测算

客户持有票据，平均到期日为 120 天，分别于 1 月 1 日、4 月 30 日、8 月 31 日、12 月 31 日贴现，贴现率平均为 2.9%（城商行票和国股票），贴现 4 次，每次 10 000 万元，共融资 40 000 万元，发生的贴现费用 = 40 000 × 2.9%/360 × 120=387（万元）。因为直接扣除贴现费用，企业实际融资 39 613 万元。

票据池直接融资按年利率 4.25% 测算发生的费用如下。

1 月 1 日借款 10 000 万元，产生的利息 =10 000 × 4.25%=425（万元），4 月 30 日、8 月 31 日、12 月 31 日分别置换出 10 000 万元，共使用资金 40 000 万元。

票据池直接融资和贴现的费用差异为 425–387=38（万元），但是多融资 387 万元，同时考虑存款保证金利率为 1.15%，故实际票据池直接融资划算。

我们应重点关注贷款利率、存款利率、保证金置换率、日均存款这四个要素。

商票融资如图 2–2 所示。

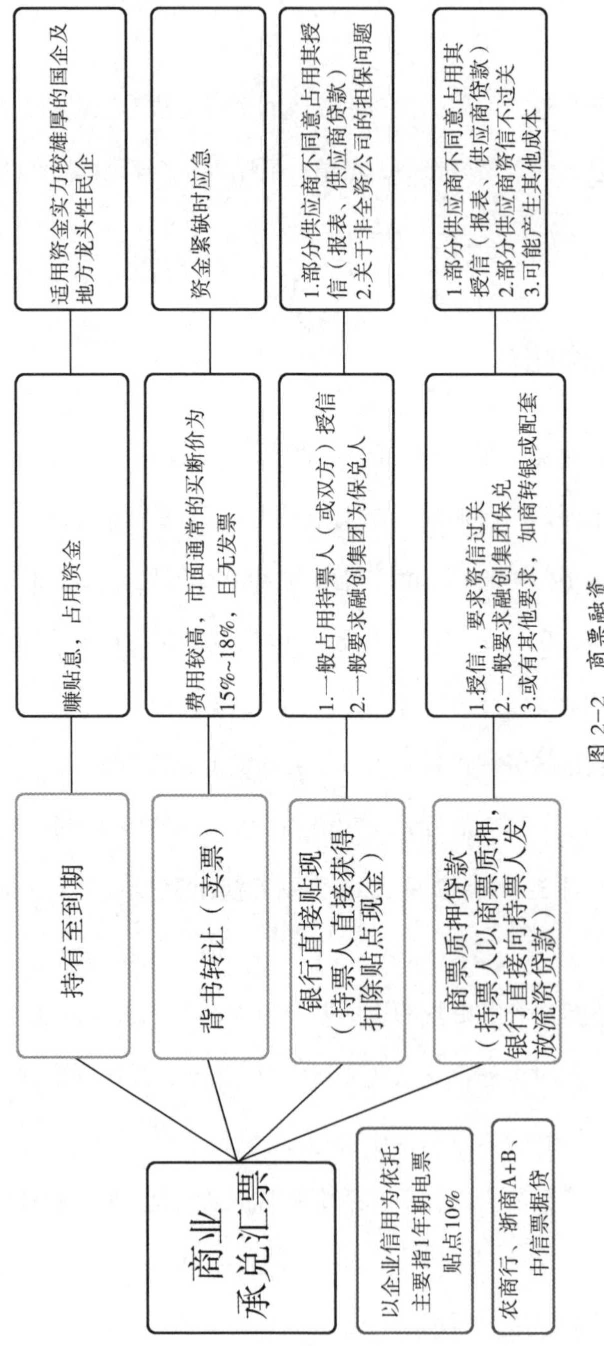
商业
承兑汇票
以企业信用为依托
主要指1年期电票
贴点10%
农商行、浙商A+B、
中信票据贷
持有至到期
赚贴息，占用资金
适用资金实力较雄厚的国企及地方龙头性民企
背书转让（卖票）
费用较高，市面通常的买断价为15%~18%，且无发票
资金紧缺时应急
银行直接贴现
（持票人直接获得扣除贴点现金）
1.一般占用持票人（或双方）授信
2.一般要求融创集团为保兑人
1.部分供应商不同意占用其授信（报表、供应商贷款）
2.关于非全资公司的担保问题
商票质押贷款
（持票人以商票质押，银行直接向持票人发放流资贷款）
1.授信，要求资信过关
2.一般要求融创集团保兑
3.或有其他要求，如商转银或配套
1.部分供应商不同意占用其授信（报表、供应商贷款）
2.部分供应商资信不过关
3.可能产生其他成本

图 2-2 商票融资

票据贴现规定有哪些?

票据的持有人办理贴现须符合下述规定。《中华人民共和国票据法》第十条规定：票据的签发、取得和转让，应当遵循诚实信用的原则，具有真实的交易关系和债权债务关系。

《票据管理实施办法》第十条规定：向银行申请办理票据贴现的商业汇票的持票人，必须具备下列条件：

（1）在银行开立存款账户；

（2）与出票人、前手之间具有真实的交易关系和债权债务关系。

中国人民银行《支付结算办法》第九十二条规定：商业汇票的持票人向银行办理贴现必须具备下列条件。

（1）在银行开立存款账户的企业法人以及其他组织。

（2）与出票人或者直接前手之间具有真实的商品交易关系。

（3）提供与其直接前手之间的增值税发票和商品发运单据复印件。

贴现流程如图 2–3 所示。

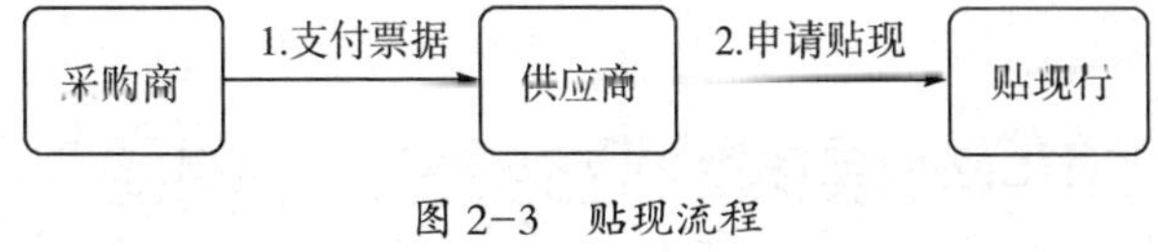

图 2–3 贴现流程

《票据交易管理办法》（中国人民银行公告〔2016〕第 29 号）第十七条规定：贴现人办理纸质票据贴现时，应当通过票据市场基础设施查询票据承兑信息，并在确认纸质票据必须记载事项与已登记承兑信息一致后，为贴现申请人办理贴现，贴现申请人无须提供合同、发票等资料；信息不存在或者纸质票据必须记载事项与已登记承兑信息不一致的，不得办理贴现。

《中国人民银行关于规范和促进电子商业汇票业务发展的通知》（银发〔2016〕224号）规定：企业申请电票贴现的，无须向金融机构提供合同、发票等资料。

纸票是否纳入票据池管理?

纸票统一纳入集团企业票据池管理。纸票质押入池后，形成开票授信额度，根据资金预算开立电票。纸票质押开电票能够更好地获得资金浮游量收益，并在财务报表上充分体现收益。原则上只能开立电子银行承兑汇票，风险能够有效控制，部分确有需要开立纸票的企业，可书面请示集团企业，经批准后方可开立纸票。

如何写票据池业务需求尽调函?

写票据池业务需求尽调函时，可从以下问题入手。是否支持票据的拆分、合并、置换保证金和置换已质押票据？是否支持集团企业质押、成员单位开票、成员单位票据额度资源共享？是否支持线上出票、线上贴现？是否存在票据承兑行风险预警提示模块？是否支持查询集团企业及成员单位票据的平均到期天数以便对成员单位进行考核？成员单位在贵行的开户个数？保证金户开户情况怎样？是否有本公司成员单位正在使用贵行票据池？是否支持与集团企业财务软件对接，实现票据池功能银企直联？票据池授信额度的方式如何确定？是否有票据池项下的敞口授信额度？票据池授信额度是否占用集团整体信贷额度？质押物的需求（名单制 / 授信制）是什么？质押率是多少？是否支持农信社银行承兑汇票质押？是否支持商业承兑汇票入池？是否支持商业承兑汇票质押融资？质押率是多少？票据池融资期限、利率是多少？质押票据到期解付转出时间是多长时间？是否是上海票交所“票付通”业务试点单位？是否是上海票交所“贴现通”业务试点单位？是否支持供应链票据支付？是否支持供应链票据入池质押？

财务公司承兑的票据能否入池?

只有对财务公司有授信的银行才能接收财务公司开出的票据入池。有票据池项下敞口授信额度的银行票据池接收财务公司票据入池。

无财务公司的大型企业票据池的作用有哪些?

企业所持有的包括票据、债券、应收账款等金融资产的流动性受银行政策、信贷额度等因素的影响，无法很好地体现这些金融资产应有的价值，导致企业资金运转缓慢，财务成本不断攀升。

一、货币资产入池能帮助企业盘活各类速动资产

票据池支持企业将货币化的各类速动资产入池管理和质押融资。货币资金、大额存单、电子存单、电子银行汇票、理财产品、应收银票、国内信用证以及信用证项下的出口应收账款等资产，无须授信即可申请入池；应收商票、非信用证项下的出口应收账款、国内应收账款、基金、股票等资产，经票据池合作银行授信后即可入池。

二、资产动态质押能实现资产高收益，并兼顾流动性

客户可用新资产置换到期资产或其他已入池资产，在入池资产质押生成的池融资额度内，灵活办理各项表内、表外授信业务，即在持有高收益资产与不被动变现未到期资产的前提下，通过票据池合作银行提供的短期融资支持，满足任意时点的流动性需要。

三、额度通用共享能支持池融资额度融合与调剂使用

同一客户各项已入池资产不分种类、不分币种、不分是否需要授信，其生成的池融资额度均打通使用，并相互融合形成一个总的资产质押池融资额度，符合票据池合作银行授信条件的还可以加载授信额度。集团企业

不同成员单位的资产分散入池，统一生成集团池融资额度，由主办单位集中管理，并可在成员单位间调剂使用，帮助集团企业集中管理与调剂资产余缺。

四、融资方式多，能满足企业按需选择融资种类

客户将资产入池生成池融资额度后，可在该额度项下，根据业务需要申请办理各类表内外、本外币授信业务，包括短期流动资金贷款、银行承兑汇票承兑、商业承兑汇票保兑、信用证开证、保函、国际业务融资等。出口应收账款质押生成的额度还可以办理直接结汇的国际贸易融资。

五、自助在线放贷能通过网络自助贷款使资金轻松到账

客户可通过票据池合作银行的网上银行自助发起贷款申请或归还贷款，无须企业财务人员到银行营业网点办理手续，极大地简化了业务流程。尤其是直通车功能项下的超短贷业务，资金实时到账，有效地提高了业务效率，提升了客户体验。

六、动态保底计息可挂钩市场利率，减少利息支出

客户票据池项下贷款可选择固定利率、变动利率、动态保底三种计息方式。其中，固定利率参考央行公布的基准利率；变动利率与每日的Shibor（上海银行间同业拆放利率）挂钩，若当日借款当日归还，票据池

合作银行还给予计息优惠；动态保底计息是指票据池合作银行对票据池项下的贷款同时采用固定利率和变动利率两种计息方式每日计算利息，在利息支付日按照孰低原则向客户收取利息，最大限度地减少客户的利息支出。

七、币种随需互换可实现入池资产出池融资币种自选

票据池支持多币种资产入池和池项下多币种融资，各币种资产入池质押时统一折算成人民币计量池融资额度；池融资额度内办理融资业务时，可根据实际需要选择合适的融资币种，利用不同币种的利率、汇率差异，提高入池资产的收益，降低融资成本。

八、资产保值、增值实现资产效益与回款收益最大化

客户通过票据池融资能够快速盘活资产，获得银行的流动性支持，从而避免被动变现导致的价值损失，实现资产保值。同时，票据池内货币资金还能享受靠档优惠计息，实现回款资金收益最大化和资产增值。

九、多维智能服务——提高业务效率，提升客户体验

票据池业务基于互联网的思维和技术自行开发设计，在为客户提供流动性服务、降低融资成本的同时，为客户提供多方位的管理功能。

票据拆分能否满足生产经营需要?

能满足。统一管理票据、开展票据池业务后，成员单位从集团财务公司电票系统（内部票据池）挑选符合质押条件的票据质押到外部银行票据池（外部票据池），成员单位根据需要开出满足其生产经营的票据。

票据池业务是否影响成员单位与当地金融机构的平衡关系?

在集团企业票据池总协议下，由各成员单位与当地银行合作开展票据池业务，将促进和改善银企关系，提高当地票据池业务合作银行的主动性。集团企业要防止成员单位开立单一票据池。各成员单位开立的票据池应为集团企业总协议下的分池。

票据池业务会造成成员单位的融资成本上升吗?

不会。一是集团企业建立统一的票据池是管理的需要，是规模效应及经济发展的必然趋势，增加了集团企业与各银行的谈判筹码，能为集团企业整体争取更多的利益；二是各成员单位在票据收支中资源分散，缺乏集团效益及规模效益，与银行的议价能力有限，无法获得银行足够的票据授信额度、贷款授信额度等金融支持。在贴现利率、贷款利率、手续费费率、保证金减免等方面获得的优惠支持也不大。

纸票管理的风险是什么？如何防控？

在收取环节，纸票管理的风险主要体现在收取的票据是否合法、真实，背书手续是否齐全。企业在收取客户的纸票时，必须通过票据池合作银行查验等手段严格辨别真伪，对有异议的不得收取。其前手必须在纸票上背书，保证交付纸票的真实性和合法性。台账管理人员须及时登记台账，安排专人保管。各单位必须定期进行账票的核对工作，保证账票相符，如有不符，应查明情况，及时处理。

在支付环节，纸票管理的风险在于支付手续是否齐全。票据对外支付应有相应的资金预算，收款单位应出具票据收款授权委托书，经办人提供身份证复印件、收据等，经财务人员审核确保手续齐全后进行支付，并留存纸票复印件备查，保障纸票能够安全使用。财务人员要每月主动与发生纸票结算的客户对账，并留档对账单。原则上各成员单位不得留存纸票，应托管并质押到票据池合作银行。

在传递和保管环节，纸票管理的最大风险在于传递过程中可能丢失、损毁等。收到纸票后，业务部门应当天交至本单位财务部门保管，在财务部门负责人的监督下办理交接，确认无误后，交接人员在交接明细表上签字确认。各单位收取的纸票由本单位按资金管理制度规定自行保管，各单位指定专人管理，做到不相容岗位相分离，设定专门账簿进行登记，每日盘点，当天收到的票据及时入账，做到账实相符。

考虑到核心单位内部结算监控和安保措施较为完备，部分直属二级单位将存放票据的保险柜存放于内部银行，保险柜钥匙和票据均由二级单位财务人员负责保管。其他成员单位及省外成员单位收到的纸票由本单位按规定自行保管。原则上各成员单位应及时将纸票托管或质押进票据池合作银行。

电票管理的难点和风险是什么？如何防控？

在收取环节，电票管理的难点和风险主要在于地方性银行票据。随着全国中小银行不良资产比率的上升和民营企业违约事件的频发，地方性银行票据审核不严，风险控制不力，存在潜在的无法正常兑付的风险。而且地方性银行票据实际可使用的范围狭窄，从目前的票据贴现及拆票情况来看，持有地方性银行票据通常无法通过银行办理贴现和拆票业务，难以满足日常企业业务周转需要。通过票据池白名单控制票据收取，收取到的地方商业性银行及农村信用社承兑的票据首先用于对外结算，之后考虑质押进票据池。

电票的支付完全通过网银操作，对各单位的网银管理及操作环境要求较高。对于电票的支付过程，要在职责分工及复核、审批权限上合理设置，这对集团财务公司人员的计算机操作水平及票据系统问题的解决能力提出了更高的要求。

不同于货币资金预算控制方式，票据的支付完全通过票据管理系统操作，成员单位可自行操作本单位电票，集团财务公司无法在票据管理系统上进行预算控制，客观上容易造成超预算支付和无预算支付，不利于集团企业资金预算的管理、控制。

通过升级集团财务公司电票系统，开发票据预算管理模块，可实现集团企业票据预算精准管理，同时区分融资性票据预算。

电票的传递流程包含电票的提示收票、收票确认、承兑签发、承兑质押、贴现申请、背书转让、到期提示付款、发起追索、回复追索等一系列操作环节，对电票操作人员的票据相关法律法规知识和电票系统的操作水平要求较高。由于近年来企业日常业务中电票业务日益增多，各单位在电票的保管上需要安排专人负责，建立专门的电票管理登记台账，登记日常收支存明细，定期盘点，确保账实相符，贯彻落实票据管理制度，否则任何一个环节都可能造成票据管理风险。

报表汇总单位均应履行“收支两条线”，集团企业财务公司是唯一的票据收取、支付金融依托机构。电票的收取和使用均通过集团财务公司票据系统操作，三级公司每日向二级单位报送票据收支日报。二级单位对三级公司票据的管理依赖其本身上报的票据日报数据质量，不利于及时全面掌握下属子公司票据的持有和使用情况。

集团企业通过票据池合作银行的系统，可以实时获得省外成员单位的票据信息，提高管理效率。

票据入池前的风险是什么?

纸票入池前存在收取到假票、损毁、丢失等风险，另外电票已普及，但集团企业随后应谨慎收取纸票。电票入池前可能收取到有承兑风险的票据。

如何防舞弊?

加强票据管理制度的建设及执行，提高财务人员的职业道德素养，科学利用金融机构的防舞弊技术手段。

如何解决“以好换坏”“以长期换短期”的问题?

出现“以好换坏”“以长期换短期”的问题，主要是因为成员单位持有的可用承兑票据不多，又急于进行生产经营付款，不得已向其他公司私自进行调剂。集团企业禁止成员单位私自与非成员单位进行票据置换，成员单位应将需求提交至集团财务公司进行调配。

票据池是否会对成员单位票据的日常使用产生影响?

集团企业拟选的票据池合作银行均是票据管理比较优秀的银行，其票据系统较为先进，能提升成员单位的票据结算体验。

如何确保成员单位的所有票据纳入票据池管理?

一是集团企业制定切实可行的《票据池管理办法》，从制度上要求成员单位通过票据池管理票据；二是认真挑选票据池业务合作银行，尽可能地扩大可收取票据白名单范围，但也要尊重票据市场的贴现实际情况。任何不能及时贴现、不能入池质押的票据，与应收账款没有区别。

什么是票据池融资业务?

票据池融资业务属于低信用风险信贷业务（用信时视同增加客户授信，到期收回时扣减客户授信），合作银行对其实行授权管理，业务审批权限按照《合作银行信贷业务授权管理办法》及各单项信贷品种相关规定执行。通常，集团企业及成员单位习惯将“票据池质押取得流资贷款”和“交纳保证金开立票据再贴现获得资金”的行为称为票据融资业务或票据池融资业务；将“质押新开”“票据拆分”“交纳保证金开票用于经营支付”的行为称为票据的日常支付业务，而非融资业务。实际上，只要是票据质押，就属于票据融资行为。

票据池节约成本的方式有哪些?

企业通过票据“质押新开”节约财务成本。

一、通过票据换开，实现财务增效

以公司长期持有 1 亿元票据为例，现假设平均剩余期限为 3 个月，原本持有至到期或背书转让，无法体现其时间价值，通过票据池质押新开 6 个月的银行承兑汇票，既可以盘活票据，也可以增加存款利息收益。

与票据背书转让相比，质押换开可净增加 3 个月的存款利息。按存满 3 个月、年利率为 1.1% 计算，1 亿元票据换开一次即可增加存款利息收入 22.5 万元。1 年周转 4 次则可多得利息 90 万元，而换开银行承兑汇票（以下简称“银票”）的手续费支出仅 20 万元，实际增加收益 70 万元。

利息收入：1 亿元 ×1.1%÷12×3=27.5 万元。

开票费用：1 亿元 ×0.05%=5 万元。

实际收益：27.5 万元 –5 万元 =22.5 万元。

二、提高财务管理效率，节约利息成本支出

以票据池内 5 000 万元银行承兑汇票（期限 6 个月）质押办理半年期流动资金贷款为例，同期银行承兑汇票贴现率为 6.8%，流动资金贷款融资利率为 4.8%, 企业有变现需求。

票据贴现成本：5 000 万元 ×6.8% ÷ 12 × 6=170 万元。

综合方案成本：

融资利息：5 000 万元 ×4.8% ÷ 2=120 万元。

服务费用：5 000 万元 ×1% ÷ 2=25 万元。

节约财务费用：170 万元 –120 万元 –25 万元 =25 万元。

持票人授信模式下的电子商票如何质押入池?

首先持票人网银操作员进入票据池菜单下的资产质押入池的电票质押申请子菜单。其次选择商票，查询可提交质押的商票，选中需要质押的商票。然后选择持票人开户银行作为质押对象，系统提示交易提交成功后，并提示进行复核操作。

出票人授信模式下的电子商票如何质押入池?

出票人授信模式下的商业承兑汇票质押入池包括商业承兑汇票保兑和已保兑商业承兑汇票质押两个环节：电子商票保兑由出票人通过银行网银系统提交申请；电子商票质押由持票人通过银行网银系统提交申请。电子商票支持带息功能，即出票人在出票时可维护该电子商票的利息。

出票人签发完成电子商业承兑汇票后，经办员进入票据池合作银行网银系统电子票据菜单下的电子商票保兑申请子菜单。经办员查询并选择需要保兑的电子商票，点击申请保兑后提交保兑申请。

出票人授权员进入票据池合作银行网银系统电子票据菜单下的电子商票保兑授权子菜单，选择需要授权的保兑申请，点击下一步，确认保兑协议后进行电子签名。

持票人提交质押入池申请流程与授信模式下商票质押入池的操作流程相同，持票人完成质押入池申请后，票据池系统自动完成质押签收操作。

电子合同查询需要在保兑审批完成后进行，企业可以通过票据池的查询菜单项下的票据池融资查询、电子合同查询，查询已完成保兑的电子商票信息。

财务公司如何开展票据池业务?

财务公司的业务发展必须牢牢把握资金集中管理这条生命线，在集团总部政策支持的基础上，发挥金融平台优势，重点发掘票据业务对资金的集中功能，筑牢资金集中管理的根基。

财务公司作为产融结合的纽带，应该积极谋划融入集团企业产业链运行体系当中，采用适当的金融手段如票据工具解决集团企业内部清欠及外部拖欠问题，提高产业链运行效率，增加效益。

财务公司的主要职能就是为集团企业成员单位提供融资、提高效率、降低成本。不断拓展资源、创新手段，提供更有效的融资方式，为优化集团企业负债结构去杠杆、减负债、降成本提供助力，是财务公司当前最重要的工作内容。票据作为有力的负债成本和结构调节工具，发挥着不可忽视的作用。

图 2–4 为财务公司票据池管理流程。

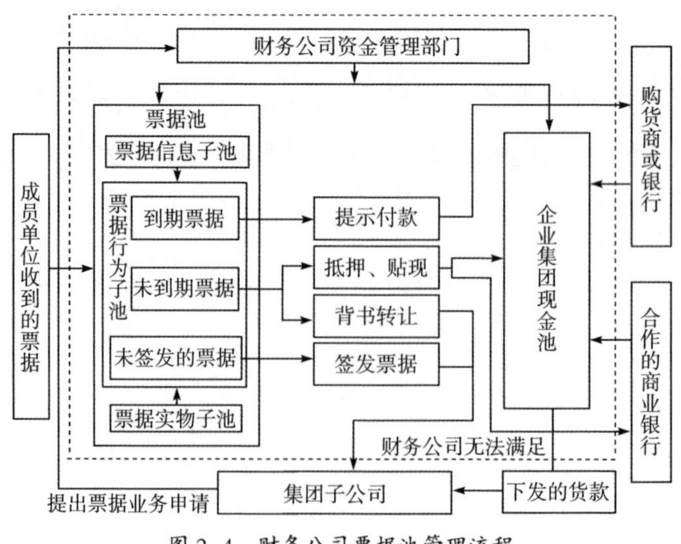

图 2–4 财务公司票据池管理流程

开展票据池业务的动因是深化资金集中管理，顺应和执行政策，应对市场竞争。

财务公司票据池业务的发展模式有“托管”模式、“双集中”模式、“融资导向”模式和“全产业链”模式。

1.“托管”模式

成员单位收到纸票对票据背书后，定期递送至财务公司托管，同时在财务公司票据系统客户端进行登记。财务公司对成员单位托管的实物票据进行查验，而后票据入库保管，定期与成员单位对账。成员单位需要使用票据时，须向财务公司申请票据出库。

2.“双集中”模式

成员单位收到票据的同时，备齐票据贴现材料递送至财务公司办理贴现。查询票据后，按照票据贴现审批流程办理贴现。

成员单位对外支付需要开具票据时，向财务公司提交开票申请材料。财务公司收到开票申请，需要开立商票的，按照商票签发流程办理商票签发；需要开立银票的，联系合作银行，落实额度，向银行提交开立银票申请。成员单位到财务公司指定银行领取银票，并将银票复印件传真至财务公司。

3.“融资导向”模式

集团企业与财务公司一起为成员单位核定贴现额度。成员单位决定办理票据贴现融资，向集团企业提交商务合同及增值税发票。集团企业向财务公司申请开立商业承兑汇票或向银行申请开立银行承兑汇票，并向银行申请贴现。

根据贴现合同约定，成员单位或收款人支付贴现利息后由财务公司转入银行账户，银行将贴现资金汇入收款人账户。票据到期时，成员单位将票据款足额存入财务公司账户，集团企业通过财务公司向银行解付。

4.“全产业链”模式

集团企业下游回款的票据集中管理，只用于集团成员单位内部清算并到期托收。财务公司与集团企业集中采购部门的采购付款预算实现信息全面系统化对接，财务公司根据支付指令开出票据，支付货款。

财务公司与商业银行签署票据增信协议，为供应商打通流转及融资渠道。财务公司通过对供应商付款预算的拆票服务，增强票据的多级流动性，通过“一头在外”贴现业务为供应商提供更快捷优惠的贴现服务，增强票据的融资能力。

财务公司对产业上下游全流程进行有效打通，确保票据到期兑付。

财务公司票据业务服务领域有哪些?

财务公司筑牢内部结算功能，服务集团本部，提升资金运用效率，加强票据资源的集中管理。通过票据池资产筹资、融资、支付等功能的灵活运用，降低集团融资成本，提升集团融资能力；提升信息咨询服务水平，进一步发挥金融服务专业优势，提升全集团票据业务风险管控能力。

财务公司票据池架构如图 2–5 所示。

延伸产业链金融服务，开展“一头在外”的票据贴现业务，为上游提供贴现融资。

财务公司可以借用其他商业银行增强票据流动性。财务公司代开银行承兑汇票，是指商业银行接受财务公司的委托，为财务公司所属的集团企业、成员单位开立银行承兑汇票业务。财务公司代开银行承兑汇票业务项下，企业是银行承兑汇票的出票人，银行是承兑人和受托人，财务公司承担委托人责任，并对出票人承担连带担保责任。

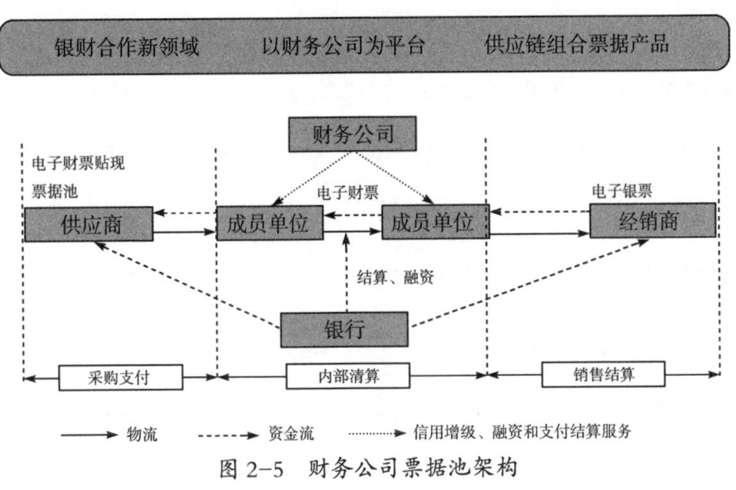

图 2-5　财务公司票据池架构

财务公司通过平台与上海票交所的互联，参与票据二级市场交易，开展票据转贴现、质押式回购、买断式回购等交易产品；财务公司也可以设立理财计划或与券商等机构合作设立资管计划，吸纳平台企业闲置资金并投资票据二级市场，进一步活跃票据市场。

在财务公司的转贴现业务中，很多商业银行的票据池系统支持财务公司通过网银系统就托管的纸质银行承兑汇票或其持有的电子银行承兑汇票办理线上转贴现。

票据池下转贴现支持的票据类型为财务公司托管在票据池合作银行的纸质银行承兑汇票（背书类型为“特殊背书”或“贴现背书”）或财务公

司通过其电票系统持有的电子银行承兑汇票。办理票据转贴现买入及卖出时签订电子转贴现合同，票据实物不转移。

1. 电子银行承兑汇票转贴现

在财务公司开户的企业从财务公司系统中发起转贴现申请，由经办员打开票据池合作银行网银系统票据池的票据转贴现中的他行申请确认交易，并根据申请的日期区间和申请转贴现类型（回购式、卖断式）查找需要发起转贴现的电子票据，勾选列表中的票据，填写转贴现信息（其中转贴现利率在票据池参数中设置），发起电子银行承兑汇票的转贴现申请。

网银复核员进行复核。复核完毕后，若为直通车模式，则业务处理完毕，客户可立即收到扣除利息之后的转贴现资金；若为非直通车模式，则需票据池合作银行进行审批。

2. 纸质银行承兑汇票转贴现

财务公司经办员登录网银，使用票据池票据转贴现中的转贴现申请交易，查询该财务公司托管在票据池合作银行可用于转贴现的纸质银行承兑汇票。

挑票完毕之后，填写转贴现交易信息，注意选择转贴现方式为卖断式或回购式，填写完毕后提交。

复核员或授权员进行复核或授权。授权完毕后，若为直通车模式，则业务处理完毕，企业可立即收到扣除利息之后的转贴现资金；若为非直通车模式，则需票据池合作银行进行审批。

票据池成果经济效益的计算方法主要有哪些?

1. 单项因素直接测定法（英文缩写为“MTP”）

“MTP”是成果实施后在成果效益计算年度内实测效益（效率）数据与该成果实施前一年度的实际或定额进行对比的差量，折算为价值量，再扣减成果实施所需费用后得出的成果效益。

“MTP”只适用于能直接计算经济效益的单项成果，如节约投入材料项目的工、料、管理费、资金、工程费等；增加产出项目的产值、销售收入等；提高市场占有率项目的新增利润数等。

“MTP”的通用计算公式为

$$E_m = (Q_1 - Q_0)^C r - (\sum_{a=1}^{n} C_a + I) - F$$

E_m：按“MTP”方法计算出的单项成果经济效益，以现行价格计算的价值量表示。

Q_1：成果实施后在成果效益计算年度内的实际完成数。

Q_0：成果实施前一年度的实际完成数。

Q_1–Q_0：两者的差额。Q_1、Q_0 可以代表定额、标准、实测数等；可以表现为绝对数、相对数。“Q_1–Q_0”差量可能是劳动量或实物量或价值量，但最终必须换算为以现行价格计量的价值量。

r 为将非价值量 Q 换算成计算年度价值量所需的一系列换算用数乘积的总称。如 Q 是产品某原料的消耗定额时，r 就等于计算年度的产品产量乘该原料的价格。

$\sum_{a=1}^{n} C_a$：所花的各种实施成果费用之和。

I：实施成果损失费用。

F：非本成果实施所产生的效益。

2. 相关因素合成计算法（“PCP”）

“PCP”是按综合性成果的构成因素先分别计算出单项因素效益，然后再合成总效益，并从中减去非本成果实施所产生的效益及实施费用和实施损失费用，得出成果创造的效益。

“PCP”适用于成果本身具有相关而又可分离的构成因素，并能按本身构成因素分别计算效益的综合性管理创新成果的效益计算。

“PCP”的计算公式为

$$E_p = \sum_{a=1}^{n} S_a - F - H - (\sum_{b=1}^{n} C_b + I)$$

E_p：按“PCP”计算的各相关因素的合成效益，以现行价格计算的价值量表示。

$\sum_{a=1}^{n} S_a$：按单项因素直接测定法计算的各种因素的经济效益之和。

F：非本成果实施产生的效益。

H：各因素之间重复计算的效益。

$\sum_{b=1}^{n} C_b$：在单项因素计算中未包含的各种综合性实施费用之和。

I：在单项因素计算中未包含的综合性损失费用。

3. 复合因素分离计算法（“CSP”）

“CSP”是在成果效益计算年度内，以成果实施后每年实现的利润与成果实施前一年度完成的利润差数为基数，逐项分离并相应扣减与本成果无关因素所创造的效益，得出每年的成果效益，然后把成果实施后每年的成果效益相加，最终得出成果总效益。这是一种总体利润按构成因素反算的计算法。计算公式一般由总效益差数、非本成果因素效益、成果实施费用等组成。

“CSP”适用不易看出构成因素的综合性管理创新成果效益的计算。这种综合性成果一般具有以下特点：成果作用的范围具有全局性，涉及总系统和大部分分系统，或涉及总体管理和大部分专项管理领域；成果的多种功能同时作用于某个管理对象；成果在时间和空间上具有交叉性，成果作用的时空界限很难在构成因素间做明确划分。

“CSP”的计算公式为

$$E_c=(P_1-P_0)-(n\pm\sum_{a=1}^{n}T_a\pm\sum_{b=1}^{n}R_b\pm\sum_{c=1}^{n}F_c)-(\sum_{d=1}^{n}G_d+I)$$

E_c：以“CSP”方法计算出的综合管理成果效益，以实现利润表示。

P_1：成果实施后在成果效益计算年度内的总效益。

P_0：成果实施前一年度的总效益。

n：未实施本成果时在正常年景下自然增长的经济效益。通常取成果实施前 3 年（未实施本成果）的平均值。

$\sum_{a=1}^{n}T_a$：各项投入效益之和。投入效益是指新投入固定资产（包括基建、技改）扩大生产能力或提高产品水平而取得的效益。

$\sum_{b=1}^{n}R_b$：各项外因效益之和。外因效益是指非因企业生产经营活动而是因企业外部条件而获取的效益。

$\sum_{c=1}^{n}F_c$：各项非管理效益之和。非管理效益是指因非管理因素而获取的效益。

$\sum_{d=1}^{n}G_d$：成果实施所花的各项费用之和。

I：实施成果损失费用。

第三章

权限分工答疑

集团企业票据管理权限是什么?

集团企业票据管理权限是指集团企业总部与合作银行谈判，帮助成员单位获得更多的金融优惠政策，降低融资成本，并对全集团票据进行查询、统计、风险防控、票据池授信额度分配。

开展票据池业务选择合作银行时的评分标准怎么定?

（1）是否支持票据拆分、合并、置换，30 分。

（2）是否支持集团企业质押、成员企业开票、成员企业票据资源共享，20 分。

（3）是否支持与集团企业财务软件对接，实现票据池功能银企直联，10 分。

（4）是否与财务公司直连，资金可直接上划至集团企业所属财务公司，10 分。

（5）是否支持质押票据到期解付实时转出，10 分。

（6）是否支持线上贴现，10 分。

（7）是否存在票据承兑行风险预警提示模块，10 分。

（8）成员单位在该行的开户数，10 分。

（9）是否存在集团企业成员单位正在使用该行票据池，10分。

（10）是否支持商业承兑汇票入池，10分。

（11）票据池授信是否占用集团授信，10分。

（12）是否是“贴现通”业务试点行，10分。

（13）是否与集团企业的业务规模相匹配，10分。

（14）历史业务服务评价，10分。

（15）董事长评分，30分。

（16）总经理评分，20分。

（17）财务总监评分，30分。

企业开展票据池业务的股东会决议如何写？

股东会决议的文本在文首写好编号。

本公司因业务开展需要，拟向某银行股份有限公司申请开通票据池服务，作为我公司（单位全称）票据池服务项下的成员单位。根据《中华人民共和国公司法》及公司章程规定并经公司股东会讨论研究决定，通过如下决议：

（1）同意本公司为债务人（如债务人较多，可附清单）自某年某月某日起至某年某月某日止在某银行形成的最高余额不超过折合人民币××（大写）元的债务提供票据池质押担保，承担担保责任。上述期间是指债务发生时间。

（2）授权某公司（单位全称）代表本公司与某银行股份有限公司就《某银行票据池服务协议》的主协议及附属协议进行协商、修改、补充或者终止票据池业务。在本公司需开办、变更或终止票据池服务功能时，授权某公司（单位全称）代为出具《某银行票据池服务申请表》交某银行股份有限公司审核，本公司认可被授权人在票据池业务相关法律文件及申请表单上的签章与本公司的签章具有同等法律效力，本公司无条件受其约束。

本公司股东会郑重声明，本决议的做出，完全符合《中华人民共和国公司法》及本公司章程的规定，如因本决议不合法、不符合本公司章程规定而导致贷款人损失的，由本公司及在本决议上签名的股东承担相应法律责任。

股东会决议要经董事会成员过半数签名同意，并注明年、月、日。

企业开展票据池业务的董事会决议如何写？

有些公司会授权董事会决议票据池业务，开头可以写本公司因业务开展需要，拟向某银行股份有限公司申请开通票据池服务。根据《中华人民共和国公司法》及公司章程规定并经公司董事会讨论研究决定，通过如下决议：

（1）同意本公司为债务人（该债务人为集团企业及其他成员单位，如债务人较多，可附清单）自某年某月某日起至某年某月某日止在某银行股份有限公司形成的最高余额不超过折合人民币 ××（大写）元的债务提供票据池质押担保，承担担保责任。上述期间是指债务发生时间。

（2）授权某公司（单位全称）代表本公司与某银行股份有限公司就《某银行票据池服务协议》的主协议及附属协议进行协商、修改、补充或者终止票据池业务。在本公司需开办、变更或终止票据池服务功能时，授权某公司（单位全称）代为出具《某银行票据池服务申请表》交某银行股份有限公司审核，本公司认可被授权人在票据池业务相关法律文件及申请表单上的签章与本公司的签章具有同等法律效力，本公司无条件受其约束。

本公司董事会郑重声明，本决议的做出，完全符合《中华人民共和国公司法》及本公司章程的规定，如因本决议不合法、不符合本公司章程规定而导致贷款人损失的，由本公司及在本决议上签名的董事承担相应法律责任。

董事会决议最后一项是董事签名，还要有公司董事会章或公章，并注明日期。

如何化解票据风险?

凡涉承兑事项的涉法涉诉案件，应当第一时间将律师函、原被告、承办法院、承办法官、审执案号、涉案标的、开庭时间、判决结果等相关涉法涉诉信息，汇报至集团企业法务部。

票据池质押票据的管理权与所有权属于谁?

质押票据的管理权与所有权属于质押单位，谁质押，谁就享有权利。

坚持同权同责原则。集团企业有权进行额度分配。

成员单位是否拥有选择合作银行的权利?

成员单位在集团企业票据池业务合作银行的范围内，自由选择符合自己单位情况的银行开展票据池业务，三级单位不受二级单位的影响，可在集团企业票据池业务合作银行范围内选择，二级单位不得干预。

物贸企业的票据池使用特点是什么?

物流贸易企业对票据的流动性要求更高，集团企业在选择票据池合作银行时，应该综合考虑该因素，挑选出能满足企业票据快速周转需求的票据池合作银行。同时物流贸易企业担负着打通集团企业不同合作银行票据池间通道的义务。物流贸易企业应积极配合集团企业接收成员单位的票据质押入池。通过物流贸易企业建立不同合作银行票据池间的通道，实现集团企业票据的全流通。例如，A 公司无法进入 A 银行票据池质押的票据，可以通过背书给物流贸易企业质押进 B 银行或 C 银行的票据池，物流贸易企业将质押新开票据转交给 A 公司。

调剂票据池额度的方式是什么?

成员单位票据入池后，根据质押额度自动生成本单位票据池融资额度，额度集中到集团企业票据池；成员单位在资金预算范围内自由支配本单位票据池融资额度。成员单位票据池融资额度不足时，向集团企业申请，由集团企业调剂。

成员单位提供的票据池额度由集团企业调剂给其他成员单位使用的，集团企业按照具体金额在销售回款考核时，视同销售收到现金金额计增主体单位利润完成数，该数据作为集团企业评价各单位经济运行质量、审批工资预算和资金支出预算的重要依据。各成员单位可根据自身情况制定计算方法。

额度调剂申请按贡献量大小原则调剂。贡献量大的，优先给予调剂使用，鼓励成员单位平时多贡献额度。贡献量由票据池系统自动记录。

成员单位根据资金预算并结合票据池融资额度开立票据，不得借故将票据池融资额度用尽。

集团池额度占用费计收及额度调整如下：

1. 针对不同成员单位分别设置费率

集团企业票据池在独立计算模式下，支持针对不同成员单位设置独立的额度上收费率和下拨费率。

集团企业的网银系统经办员在网银票据池模块下进行设置，由授权员操作后生效。设置生效后，对于之前已调剂的额度，仍按原费率执行。对需要调整上收费率、下拨费率的成员单位，点击修改，设置新的费率并提交，经过授权同意后即可生效。

2. 票据池额度调剂查询

企业网银增加票据池额度调剂查询功能，集团企业可使用该功能查询额度调剂明细。其中，集团企业可查所有调剂记录，成员单位可查与自己相关的调剂记录。额度调整值是指集团企业分配给成员单位的额度，负值表示集团企业从成员单位调配的额度，点击调整可以对该额度进行调整。

多级池额度如何管理?

多级池中，资产分别入池，分头管理。集团总公司可以查看各个票据池的结息，并调整集团总额度。

集团票据管理人员通过“调整”将集团总额度分配给成员单位。具体操作详见票据池合作银行的“集团池票据池额度调剂”。

融资性票据如何管理?

一是将成员单位融资性票据纳入票据池管理；二是集团企业对于承兑贴现等融资行为不予统一办理，相关融资费用由成员单位自行承担；三是集团企业及成员单位质押融资业务按“三重一大”决策流程办理；四是集团企业及成员单位票据管理过程中所述的“票据质押”“质押新开”不归为票据融资业务；五是集团企业及成员单位票据管理过程中的“票据质押融资”业务仅为票据质押获取流动资金贷款业务。

关于票据融资的研究文献有哪些?

票据自诞生以来，在经济活动中发挥的作用以及市场对票据的认识是一个不断演变的过程。融资功能是票据的一个重要属性。票据融资的内涵是什么，票据在发挥融资功能的过程中有什么障碍，怎么促进票据更好地发挥融资功能，是近年来票据市场的热点话题。在搜集和整理票据市场相关文献的基础上，下面就学界、业界两方面关于上述三个热点话题的主要观点进行梳理。

一、票据融资功能的界定

从相关研究文献来看，人们对于什么是票据融资、票据在哪些环节发挥融资功能、票据怎么发挥融资功能等基本问题的认识并不统一，同时也缺乏针对这些问题的专门研究。有些观点认为票据从出票、背书开始就在发挥直接融资功能，也有观点认为票据只在贴现、转贴现、再贴现环节才发挥融资功能。下面列举了部分学者对票据融资功能的不同界定。

秦池江（2003）认为，票据融资是从商品和劳务交易中以双方的延付行为为基础衍生的信用形式，是双方在平等、自愿、互利的条件下提供的融资与融物的直接信用。即他认为，在出票和背书环节，票据就在发挥企业之间的直接融资功能。

孙晓远（2008）认为，票据融资是指商业汇票的承兑、贴现、转贴现和再贴现等业务。

黄茉莉、陈文成（2013）认为，票据融资是指在我国现行法律环境下，企业以融资为目的，通过法定方式取得票据并向金融机构申请贴现而获得资金的行为。

李鹏远、张媛（2009）认为，票据融资是指商业汇票持有人通过贴现、转贴现的方式转让票据而获得资金的行为。

刘少英（2016）将票据融资分为直贴和转贴业务。

张涛（2009）认为，我国票据融资方式主要有五种：贴现、转贴现、再贴现、票据买卖[①]、票据风险参与融资[②]。

罗荣平（2006）将票据的功能分为支付功能、结算功能、信用功能和融资功能。其中融资功能是指企业在流通手段不足时签发票据进行融资，且可将持有的未到期的票据到银行贴现获得资金。

黄志凌（2015）将票据的功能分为汇兑功能、支付功能、流通功能、

---

① 指金融机构与非金融机构之间将未到期票据以无追偿权的形式转让，实现资金融通的票据行为。

② 指银行机构之间通过签订风险参与协议，票据持有方将票据项下的部分风险转让给风险参与方，风险参与方按所参与的份额，将资金支付给票据持有方，交易双方一般不办理票据背书。

信用功能和融资功能，认为利用票据融资就是利用票据调度资金，是通过对未到期票据进行贴现、转贴现或再贴现实现的。

此外，融资性票据是与票据融资相关的一个讨论热点。黄茉莉、陈文成（2013）认为，金融业实践中，无真实交易背景的银行承兑汇票是融资性票据，而具有真实交易背景的银行承兑汇票是贸易性票据。

二、票据融资存在的问题及产生原因

票据融资存在的问题主要分为以下三类：承兑、贴现、转贴现、再贴现环节的问题，融资性票据相关问题，企业信用问题等。

（一）承兑、贴现、转贴现、再贴现环节的问题

一是商业银行票据承兑业务门槛过高。孙晓远（2008）认为，一方面，商业银行对银行承兑汇票承兑业务比照贷款业务管理，增加了企业申请承兑的难度；另一方面，商业银行在承兑银行承兑汇票中收取的保证金比例过高。

二是银行、财务公司贴现量无法满足企业需求，且贴现市场结构失衡。王蓉（2015）认为，人民银行规章对票据贴现的性质界定虽不明确，但目前按贷款管理。票据市场主要参与主体是商业银行和企业财务公司，这些机构因受贷款规模约束，贴现能力受限，不能满足企业需求。王蓉（2015）认为，中小微企业由于数量多、规模小、制度不规范等原因，难以满足银行贴现条件，而民间票据贴现具有手续简便、付款及时等特点，于是许多急需资金的中小微企业转向民间票据市场贴现获得融资。黄茉

莉、陈文成（2013）认为，民间市场因为缺乏外部监管和内部自律，所以产生了大量不规范行为。

三是贴现利率和贴现量大幅频繁波动，不利于票据市场有序发展（人民银行南京分行营业管理部课题组，2010）。赵慈拉（2007）认为，造成这一现象的主要原因是贴现金额纳入信贷规模考核指标，贴现业务成了商业银行调节贷款资产规模和不良贷款率的工具。黄茉莉、陈文成（2013）认为信贷规模指标仍是我国金融宏观调控的重要手段；尽管票据贴现与信贷存在本质区别，但监管机构仍然将贴现量纳入信贷规模指标考核。他们还认为，由于商业银行将票据贴现作为信贷规模调节器，在贷款规模宽松或者有效信贷需求不足的情况下，大量办理票据贴现业务，增加贷款规模，在贷款规模较紧张时，大量压缩票据贴现业务，释放规模来放贷，因此造成票据市场大起大落，并对货币政策的实施产生负面影响。

四是转贴现业务受信贷管理模式的限制，难以充分发挥其功能。刘敏（2011）认为，转贴现业务具有风险低、融资便利等特点，如能有效使用，则可为商业银行提供更多的资金资源和规模资源，保持资产的流动性，使商业银行经营更趋稳定和合理。

五是再贴现利率不能根据票据市场变化情况及时调整，因而无法为贴现市场定价提供参考（李鹏远、张媛，2009）。

（二）融资性票据相关问题

在论及融资性票据时，多数观点认为，长期以来融资性票据的发展受阻，导致了票据功能局限于支付结算，其融资功能被遏制。黄茉莉、陈文成（2013）认为，融资性票据无合法地位还造成了中小微企业融资困难，它们不得已寻求非正规融资渠道，如处于监管真空的票据中介。

融资性票据虽暂时无合法地位，但长期大量存在的原因如下：

第一，是法律法规与市场需求之间存在矛盾。陈丽英、唐振鹏（2005）认为，票据具有集支付、结算、融资和投资功能于一身的特点，而目前票据相关法律法规仅注重支付结算功能，票据发挥融资功能缺乏法律依据，制度上存在空白点。《中华人民共和国票据法》规定，票据的签发、取得和转让必须具有真实的交易关系和债权债务关系，即必须符合真实票据原则。采用真实票据原则的出发点是想将票据的签发、转让与真实交易紧密结合，保持物资流通和货币流通的同一性和对称性，以防止企业套取银行信用，造成信用扩张。杨伟（2007）认为，事实上，这种制度并未达到有效防止信用扩张的目的，大量融资性票据经过技术操作披上真实贸易背景的“合法外衣”后进入市场。黄茉莉、陈文成（2013）认为，《中华人民共和国票据法》中“真实交易”规则与票据“无因性”原则存在冲突，难以融合，前者是对后者的限制。《中华人民共和国票据法》第十条把票据的基础关系作为票据行为的成立要件，而第四条、第十三条、第二十二条规定[①]却体现了票据“无因性”原则。

第二，黄茉莉、陈文成（2013）认为，是市场对融资性票据的需求凸显，而监管层仍坚持“堵”的监管理念，与市场发展相悖。

与此同时，也有部分观点认为融资性票据风险较大，不应鼓励其发展。如王蓉（2015）认为，融资性票据由于没有真实交易背景，票据的最

① 《中华人民共和国票据法》第四条规定，票据权利内容以票据上记载的文字为准；第十三条规定，“票据债务人不得以自己与出票人或者持票人的前手之间的抗辩事由，对抗持票人”；第二十二条规定，汇票上必须记载的事项包括“无条件支付的委托”。

终清偿缺乏有效保障，因而会增加银行信贷风险，并且融资性票据的资金链条复杂，资金流向难以监控，给银行和监管部门加大了风险管理难度，带来巨大挑战。

（三）企业信用问题

企业信用问题也是票据融资相关文献中讨论较多的主题。张丽（2003）认为，商业信用在计划经济时期被禁止，造成我国企业的信用观念长期淡薄，加上违约惩罚力度不够，使票据融资没能真正发挥契约合同的效力。孙晓远（2008）认为，中小微企业规模小、抗风险能力差，且市场缺乏一套完整的信用监督体系，影响了商业银行对中小微企业票据融资的态度。此外，张丽（2003）还指出，缺乏权威的信用评级机构对票据进行评级，也使票据的市场接受度大打折扣。

三、有关发挥票据融资功能的政策建议

有关发挥票据融资功能的政策建议，文献研究主要集中在发展融资性票据方面，其中，对《中华人民共和国票据法》的修订是讨论的热点。另外，在票据承兑、贴现、再贴现等环节的优化方面，也有学者提出了相关建议。

（一）有关发展融资性票据的政策建议

从宏观层面研究我国融资性票据问题的学者，大多提倡顺应市场发展的客观需求和规律，推动融资性票据的合法化进程。秦池江（2001）指出，融资性票据是企业融资的一种有效工具，有助于解决经济循环中的资金流

转不畅问题。严文兵、阙方平（2002）认为，发展融资性票据有助于解决票据市场交易品种单一、监管成本过高、企业融资难、社会信用体系不健全等问题，放开融资性票据是必须的，但由于我国社会信用环境较差，放开的步骤必须是渐进的。巴曙松（2005）认为，发展融资性票据可以扩大票据市场容量，改变失衡的市场结构，从而提高货币市场乃至金融市场的整体效率。

支持融资性票据发展的政策建议，主要分为对相关法律法规修订的建议和推行方案的建议。

在修订相关法律法规方面，第一，建议修订《中华人民共和国票据法》相关条款。秦池江（2002）认为，1995 年《中华人民共和国票据法》的出台有其特定的经济环境，而在投资约束和信用环境得到改善后，适时地修改《中华人民共和国票据法》、放开融资性票据，是不可阻挡的大趋势。国际上主要的票据法，如《统一汇票本票法公约》（日内瓦）、《统一商法典》（美国）、《联合国国际汇票和国际本票公约》，都对票据的无因性做了明确规定，而《中华人民共和国票据法》却不符合票据为无因证券这个国际通则。黄茉莉、陈文成（2013）建议立法要承认市场发展现实，对《中华人民共和国票据法》第十条“具有真实的交易关系和债权债务关系”规定进行修正，可改“和”为“或”，为融资性票据留下空间。王蓉（2015）也认为，《中华人民共和国票据法》、行政规章以及司法解释等并未明确票据无因性原则，应当在我国票据立法中确立该原则。杨伟（2007）提出，应删除或修改《中华人民共和国票据法》第十条、第二十一条等条款中包含的真实交易关系要求或将票据关系与资金关系相联系的内容，彻底贯彻票据无因性原则。此外，黄茉莉、陈文成（2013）指出，《中华人民共和国票据法》只认可背书转让一种方式，而国际上通行的是背书转让和交付转让两种方式，后者主要是为满足非基于真实交易的融资需求，建议将国际上通行的方式作为《中华人民共和国票据法》修订的参考。

第二，建议修订部门规章中对承兑、贴现等环节施加真实交易背景和资金关系限制的条款，以顺应票据市场发展现实和趋势（黄茉莉、陈文成，2013）。

在推行方案方面，徐志宏（2004）建议分阶段、逐步放开融资性票据，可选择信用环境较好的地区和信誉较好、现金流稳定的大型企业先行试点，然后推广到效益好、信誉高、管理规范的中小型企业。同时，应对企业使用融资性票据进行限额控制并建立退出机制。杨伟（2007）建议对交易性票据与融资性票据进行分类监管。如对交易性票据不设定签发限制，而对融资性票据则要根据企业经营状况、资金流量、信用情况等实行签发限制；对于交易性票据的贴现不做贴现机构限制，但在试点阶段只允许符合一定条件的金融机构办理融资性票据贴现业务。

（二）票据承兑、贴现、再贴现等环节的优化建议

人民银行南京分行营业管理部课题组（2010）认为，票据的承兑签发是信用的产生过程，是比贴现更为重要的环节，必须加强对这一票据融资关键环节的管理；另外，建议将票据贴现从贷款统计中剥离，对贴现业务量进行单独统计和管理，以更好地发挥票据融资应有的功能。黄茉莉、陈文成（2013）指出，目前可进入票据贴现市场的主体缺乏多样性，业务同质化明显，贴现承接能力不足，建议放宽贴现市场准入范围，提升贴现能力。李鹏远、张媛（2009）建议央行根据经济发展的需要适时调整再贴现

利率水平，逐渐形成银行贷款利率、票据贴现利率和再贴现利率之间的合理差价，更有效地实现央行货币政策意图。

贸易性票据如何管理?

贸易性票据按照集团企业已发布的资金管理制度和相关票据管理制度，通过集团财务公司电票系统或票据池合作银行的票据池系统管理。

可收取票据白名单如何调整?

根据合作银行的可入池质押名单及时调整，尽可能地扩大收取范围，助力生产经营。

清欠长期应收款时能否收取白名单之外的票据?

按照集团企业的资金管理制度和相关票据管理制度，提交申请，待集团企业批准后方可收取。

如何减少收取无效票?

一是加强集团企业票据池制度建设，约束成员单位的收票行为；二是根据票据池合作银行风险预警系统及时调整可收取票据白名单；三是集团企业积极对票据市场进行研判。

自主预算单位是否纳入票据池管理?

统一纳入集团企业票据池管理。

提高票据流动性的方式是什么?

一是通过票据池质押新开；二是通过物流贸易企业打通不同合作银行票据池间的通道，实现集团企业票据的全流通。

上市公司的票据池业务公告如何写?

随着票据市场的发展和电子票据的普及，票据逐渐成为企业尤其是供应链核心企业频繁使用的非现金支付结算工具。在越来越多的企业实行集团化经营的大背景下，票据池业务将呈现内部化趋势，可以有效盘活票据资源，充分发挥票据时间价值，降低企业财务成本。另外，政策导向支持民营企业、小微企业解决融资难题，重视供应链金融发展，或使票据池业务迎来一个发展大时代。

上市公司票据池业务公告模板如下：

××股份有限公司

关于开展票据池业务的公告

本公司董事会及全体董事保证本公告内容不存在任何虚假记载、误导性陈述或者重大遗漏，并对其内容的真实性、准确性和完整性承担个别及连带责任。

××股份有限公司（以下简称“公司”或“本公司”）第×届董事会第××次会议审议通过了《关于开展票据池业务的议案》。根据公司经营发展及融资工作需要，为盘活公司票据资产，提高流动资产使用效率，降低融资成本，公司及控股子公司（不含公司下属上市公司及其子公司，下同）拟与某银行合作开展票据池业务，票据池余额不超过30亿元，实施期限为自股东大会审议通过之日起3年。具体情况如下：

一、票据池业务情况概述

1. 票据池业务概述

票据池业务是合作金融机构为本公司及控股子公司提供的票据管理服务。本公司及控股子公司将持有的符合要求的商业票据或存放于合作金融机构，实现公司内票据信息的统一管理；或质押于合作金融机构，形成公司共享的担保额度，用于公司向合作金融机构申请办理银行承兑汇票、保函、信用证、流动资金贷款等融资业务。公司及控股子公司在自有质押额度范围内开展融资业务，当自有质押额度不能满足使用时，可申请使用票据池内其他成员单位的质押额度。

2. 票据池业务方案

（1）合作金融机构：国内资信较好的商业银行。

（2）成员单位：本公司及控股子公司。

（3）实施额度：本公司及控股子公司共享票据池额度余额不超过××亿元，该额度可滚动使用；本公司可根据子公司需求在票据池成员单位间进行余缺调剂。

（4）实施期限：自股东大会审议通过之日起3年内。

二、开展票据池业务的目的

由各成员单位将票据存入合作金融机构进行集中管理，并将票据质押于金融机构，用于办理银行承兑汇票新开、保函、信用证、流动资金贷款等融资业务，可极大地提升公司的融资能力；同时可有效解决子公司融资难的问题，从而提高公司流动资产的使用效率，节约公司资源，有利于公司、股东权益的最大化。

三、票据池业务的风险评估及风险控制

1. 流动性风险

公司开展票据池业务，需在合作银行开立票据池质押融资业务专项保证金账户，作为票据池项下质押票据到期托收的回款账户。应收票据和应付票据的到期日不一致的情况，会导致托收资金进入公司向合作银行申请开立的保证金账户，对公司资金的流动性有一定影响。

风险控制措施：公司设置专人管理并定期跟踪，通过用新收票据入池置换保证金的方式解除这一影响，资金流动性风险可控。

2. 票据损失风险

合作金融机构出现汇票丢失、损毁以及严重影响票据池内汇票托收及时到账、质押开票的风险。

风险控制措施：公司设置专人管理并定期跟踪、定期对账，对到期票据回款进行实时跟踪监控。同时，公司拟制了《票据池风险处置预案》，一旦发现风险，会立即启动风险应急处置程序，督促金融机构及时处理，如产生损失，将按协议约定向金融机构进行索赔，并暂停与合作金融机构的票据池业务，情况严重的将取回票据池内票据，并终止与合作金融机构的票据池业务。

3. 担保风险

公司以进入票据池的票据做质押，向合作银行申请开具银行承兑票据用于支付供应商货款等日常经营发生的款项，随着质押票据的到期，办理托收解付。若票据到期不能正常托收，所质押担保的票据额度不足，导致合作银行要求公司追加担保。

风险控制措施：公司与合作银行开展票据池业务后，公司将安排专人与合作银行对接，建立票据池台账、跟踪管理，及时了解到期票据托收解付情况和安排公司新收票据入池，保证入池票据的安全和流动性。

四、业务授权

拟提请股东大会授权董事会并同意董事会转授权公司经营管理层在本次票据池业务范围内决定有关具体事项，包括但不限于选择合作金融机构、确定合作条件、调配不同法人主体间相互使用的额度，以及签署相关协议等。

五、独立董事意见

公司目前经营情况良好，财务状况稳健。公司开展票据池业务可以将公司的应收票据和待开应付票据统筹管理，减少公司资金的占用，优化财务结构，提高资金利用率。因此，我们同意公司及控股子公司共享不超过 ×× 亿元的票据池额度，即用于与合作金融机构开展票据池业务的质押、抵押的票据合计即期余额不超过 ×× 亿元，上述额度可滚动使用。我们同意将该事项提交公司股东大会审议。

特此公告。

×× 股份有限公司董事会

20×× 年 × 月 × 日

用信申请及审批流程包括哪些操作?

集团企业网银经办员进入企业网银商业汇票票据池中进行集团企业用信审批。

集团企业网银经办员输入不同的查询条件进行查询，系统返回成员单位待审批的用信申请，经办员选中需审批的记录，选择审批通过或者不通过，提交至复核岗，复核后提交至银行端商票系统。

操作提示：

（1）选择申请日期，不选择成员单位，可查询到该申请日期所有成员单位的申请；

（2）不选择申请日期，选择成员单位，可查询该成员单位所有日期的申请；

（3）均不选择申请日期、成员单位，可查询所有申请；

（4）业务类型根据需要选择，默认全部。

网银经办员选择申请日期范围，选择成员单位和业务类型，点击查询，可查看明细、可下载。

企业网银经办员点击撤销指令菜单，回显指令列表，可查看详细的指令信息。选中需撤销的指令，点击撤销，输入撤销原因，提交即完成业务指令撤销。

网银经办员可对已提交至复核岗但尚未经复核的业务指令进行撤销，也可对复核岗或授权岗退回网银经办员的业务指令进行撤销。

如何查询票据池签约信息?

网银经办员进入企业网银，查询商业汇票票据池中的票据池签约信息。

网银经办员进入客户签约关系查询，系统根据所登录的客户号查询客户票据池签约信息。集团企业可查询自身和成员单位的签约信息，成员单位和单一客户查询自身的签约信息。

成员单位通过票据池开票的效率如何?

随着银行系统的升级，流程的完善和简化，开票效率会逐步提升，完全可满足集团企业成员单位的用票需求。

企业的权利和义务是什么?

企业有权查询票据池业务信息，包括票据池质押额度及使用信息、质押票据票面信息、票据状态、票据池质押保证金账户余额等，可以通过网上银行业务系统查询以上信息。

企业应按票据池业务合作银行要求提交相关材料，包括但不限于商业汇票、增值税专用发票、商品交易合同或商品发运单据及其他要求的材料，并保证是真实的。用于质押的商业汇票由企业合法拥有，具有真实的商品交易背景，不存在任何缺陷或瑕疵，前手背书连续且真实。

企业应按时足额偿还融资本金和利息。

企业发生重大产权转让、体制变更或债权债务转让行为时，应该事先将有关事项通知票据池业务合作银行，并落实好合同项下贷款的本息及其他相关费用安全偿还的保障措施。

质押标的出质后，未经票据池业务合作银行同意，企业不得转让或许可他人使用。经双方协商同意转让的，企业应当提前将转让所得的价款用于清偿票据池业务合作银行所担保的债务。

票据池合作银行的权利和义务是什么？

企业未履行其部分或全部债务的，票据池合作银行有权按协议约定直接扣划企业的票据池质押保证金实现债权，或按其认为适当的方式与途径就质押票据池的部分或全部票据行使质权。

票据池合作银行仅对票据承担保管责任，对票据的合法性、有效性或票据债权的实现不承担任何责任。

票据池合作银行有权定期、不定期地与企业核对托管票据要素和状态。

第四章

票据结算答疑

票据池业务问答

票据结算原则是什么？

票据结算原则上应实行“以收定支”“全面预算管理”办法。

以收定支，是指根据集团总部核定的收入留成率，确定成员单位预算支出数，实现当年收支平衡。

全面预算管理，是利用预算对集团企业内部各部门、各单位的各种财务及非财务资源进行分配、考核、控制，以便有效地组织和协调企业的生产经营活动，完成既定的经营目标。

票据池是否实行专户管理？

是。集团总部实行专户管理，封闭运行，确保票据结算流畅。成员单位不必实行专户管理。

专户管理的目的是确保票据置换资金及时足额到位，防止资金流失，不向成员单位打“白条”。

成员单位是否需要开设专户进行票据结算？

根据具体情况确定。有财务公司的集团企业充分利用好财务公司直联账户，只需在票据池合作银行少量开户。无财务公司的集团企业让成员单位在集团票据池合作银行开户，即可作为专户。

外部银行票据池账户如何设置？

集团企业建立“票据及资金管理专户（票据池主账户）”，成员单位建立“票据池子账户”，由集团企业对成员单位授予授信额度。

成员单位的票据能否通过集团财务公司质押至票据池？

能。成员单位通过集团财务公司电子票据系统提交质押指令即可。

票据池托收票据的资金可以实时到账吗？

可以实时到账。银企每天共同监控托收票据的资金到账情况，确保每一笔票据按时到位，实时监测票据池质押率变化情况，确保质押率符合合作银行规定。

如何做好银企对账工作?

加强银企票据池对账工作，银企每半个月至少对账一次，企业与支行主管副行长或行长每月至少对账一次。这样可以避免出现票据池内质押不成功的票据显示未退回，而企业网银里已经收到退回票据的情况；也可以避免未达事项的情况。

可以提高票据池保证金计息利率吗?

可以。由于集团企业票据结算量较大，与银行的议价能力较强，所以可以协调票据池合作银行提高票据池内保证金和解付资金的计息利率，为成员单位争取更多的利益。

如何管理票据池保证金?

企业出纳通过网银划回保证金功能，将资金从保证金账户划转到一般结算账户。

企业出纳通过网银补充保证金功能，将资金从一般结算账户划转到保证金账户。

企业出纳通过网银保证金明细查询功能查询保证金交易明细，并可打印回单。

什么是票据质押?

根据《中华人民共和国票据法》《最高人民法院关于审理票据纠纷案件若干问题的规定》，汇票可以设定质押，质押时应当以背书记载“质押”字样。被背书人依法实现其质权时，可以行使汇票权利。因票据质权人以质押票据再行背书质押或者背书转让引起纠纷而提起诉讼的，人民法院应当认定背书行为无效，即票据背书质押后不应再行背书质押。

如果按《中华人民共和国票据法》意义上的票据质押形式操作，一是应该在票据上背书并注明“质押”字样；二是应该将票据转移交付给购买票据的银行；三是票据背书质押以后不应再行背书质押。票据质押流程如图4-1所示。

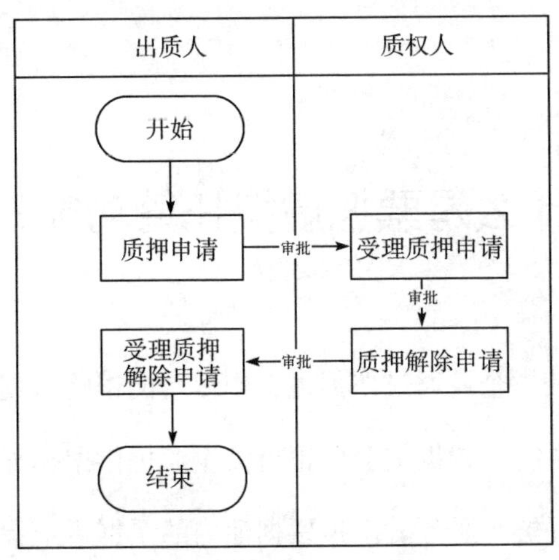

图4-1 票据质押流程

什么是票据质押率?

票据质押率是指票据质押项下合作银行给予集团企业及成员单位的融资额度与质押票据票面金额的比率。

什么是票据池融资额度?

票据池融资额度是指票据池内每一项资产的价值乘以对应的质押率得到的质押额度与票据池保证金账户余额及票据池配套额度之和，即出质人为集团企业及其成员单位与合作银行的债务提供的最高担保额度。集团企业及其成员单位在合作银行办理票据池融资业务时，集团企业及其成员单位的票据池融资额度之和为集团票据池融资额度。

什么是票据虚拟托管功能?

虚拟票据池是指企业通过票据池合作银行网银将票据信息单笔录入或批量导入票据池系统，票据池合作银行为企业提供票据异常状态查询、票据异常状态自动提醒等服务。虚拟票据池内的票据可不提供票据实物，但不能用于质押或贴现。

该功能支持企业的所有票据，包括手持票据、已背书转让票据，甚至托管在他行的实物票据，只要未到期，企业都可以将票据信息虚拟托管给票据池合作银行。对于虚拟托管的票据，到期前发生银行挂失止付或者法院公示催告等异常状况时，票据池合作银行将通过网银系统和手机短信方式实时进行提醒，包含单笔虚拟托管录入、批量虚拟托管导入、票据异常状态查询。

什么是先入池质押后移票?

企业先入池质押后移票业务是指票据池客户在向票据池合作银行提交纸质银行承兑汇票入池质押申请时，可以先提交票据影像信息，合作银行对票面信息进行记录并审核后生成票据质押池融资额度，实物票据由客户在约定的时间内移送合作银行的业务。

企业必须与票据池合作银行签订相关协议文本，开通先入池质押后移票功能，通过电子化审批配置相关控制参数。

如何审核票据真实性?

第一，审查购销合同，其中包括合同编号、合同地点、签订时间、购销双方的全称、企业双方的公章或合同章的审查。包括合同细节在内的其他要求都需要审查。

第二，审查税务发票，包括发票金额、签订日期、持票人等发票要素的审查，以确保真实贸易。

另外，有很多真实商品交易并不需要开具发票，或者是开具发票的周期过长，如建筑装饰行业。这种票据的审查方式则是从税收政策上进行核实，确保业务的合规性。

可以采取其他辅助审查措施，如可以根据企业年度审计的资产负债表等进行审核，审查过程中如有疑问，相关方可要求企业提供商品货运单复印件、进项发票和进货合同、承兑行出具的审批文件等其他可证明真实贸易背景的资料。

经收款人回头背书给出票人，并由出票人申请贴现的商业汇票，具有融资性嫌疑，不得买入；对贴现申请人位于商业汇票第三背书人（含）之后，且其名称与出票人名称一致的票据，应查清其回头背书原因，并辨识其是否合理，在确保真实贸易背景的前提下买入，并记录调查情况，以便留档保存。

审核票据贸易的真实背景，是票据风险控制的根本，自然也就成了风控的一个非常重要的操作项目。只有票据贸易真实了，才能助力票据市场规范化发展。

2016 年 8 月，中国人民银行印发的《关于规范和促进电子商业汇票业务发展的通知》中强调："各金融机构应严格落实电票业务各项制度规定，采取有效措施，规范有序开展电票业务，有效提升电票业务占比，确保办理的电票承兑业务在本机构办理的全部商业汇票承兑业务中金额占比逐年提高。”自 2017 年 1 月 1 日起，单张出票金额在 300 万元以上的商业汇票应全部通过电票办理；自 2018 年 1 月 1 日起，原则上单张出票金额在 100 万元以上的商业汇票应全部通过电票办理。

如何上传贸易背景资料?

企业可以通过合作银行网银系统申请办理票据池项下银行承兑汇票业务（含纸票及电票），票据池合作银行支持企业通过网银系统上传贸易背景证明资料的扫描件，并供后台审核及归档。

上传企业资料时需要企业网银系统经办员通过票据池的质押池融资上传贸易背景资料菜单，选择审查状态为未审核的合同信息（仅限于通过网银系统办理的银行承兑汇票业务），点击上传资料。依次选择发票、合同下的补扫菜单，系统自动按照每笔银行承兑汇票合同下不同的收款人信息进行金额汇总。

企业经办员按照金额点击补扫按钮，上传合同或发票影像（系统控制单次上传时至少应包括一张合同及一张发票扫描件，同一类影像可批量上传），上传的单张影像不能大于 2 MB，单笔合同最大收款人数量为 20 个。

企业经办员需要上传购销合同、相应发票的影像扫描件，然后点击上传。为了保证影像上传效率，系统会对影像文件大小进行控制。

影像上传后，系统会自动显示已上传的影像份数。目前系统控制的同一个合同下必须至少扫描合同及发票各一份。

影像上传完成后，企业经办员点击发起流程后，影像提交至票据合作银行，企业经办员可以在审查状态中查看影像审查情况，审查未通过的，可以重新上传发票及合同影像资料。

票据业务的会计科目如何写?

企业取得结算凭证并签付商业汇票后，应按票面价值借记“原材料”“应交税费”等科目，贷记“应付票据”科目。企业向银行申请承兑支付的手续费，应计入财务费用。

会计分录如下：

借：原材料

应交税费

贷：应付票据

一、企业现行处理方式

按照相关规定，当承兑银行拒绝向票据持有人支付票据款项时，票据持有人有权向票据背书转让方追索。A 公司认为背书转让已将票据隐藏的风险及相应报酬转让于票据持有人，因此在进行会计处理时将背书转让确认为已转移金融资产。

以 A 公司 2017 年相应数据为例，A 公司用 2 000 万元应收票据购买库存商品，用 1 000 万元应收票据购买原材料，用 500 万元应收票据购买原材料为在途物资，假设应交税费 100 万元，其当年已签收应收票据总额为 5 000 万元，相应会计分录为（单位：万元，下同）：

借：库存商品　　2 000

　　材料采购——原材料　　1 000

　　在途物资　　500

　　应交税费　　100

　　贷：银行存款　　100

　　　　应收票据　　　　3 500

贴现不具有追索权的商业承兑汇票，可以将其视为向银行出售的应收债权，银行承担相应风险并享有报酬，因此企业需要对其终止确认，在计提利息时不包含终止确认的带息票据。A 公司终止确认应收票据总额为 5 000 万元，背书转让 3 500 万元，贴现金额为 1 500 万元，贴现综合成本为 5%，具体会计分录为：

借：财务费用　　1 425

　　银行存款　　75

　　贷：应收票据　　　　1 500

二、行业会计处理方式

A 公司将票据背书及贴现认定为报酬及风险已转移的继续涉入资产，因此在进行会计处理时全部终止确认。为确定此种会计处理方式的合理性。通过对已披露企业年报的汽车制造企业的相关会计处理进行汇总发现，当前应收票据到期的企业共有 2 家；尚未到期但终止确认的企业共 15 家；部分终止确认的企业有 4 家；只有 1 家企业终止确认但是以短期借款列示于企业财报中。

通过上文可知，大多数企业认为票据背书或贴现时会转移报酬及相应风险，因此在具体实务操作中会终止确认。银行信用是银行承兑汇票价值的直接保证，绝大多数企业认为实力较强的银行签发的银行承兑汇票风险较小甚至是无风险，因此在进行背书或贴现操作时会转移全部报酬及风险。但是，个别企业认为仍有部分报酬及风险未转移，因此在进行具体事务操作时未终止确认全部票据。由此可见，企业在判断报酬及风险是否全部转移时存在一定的主观性。按照现行会计准则的要求，只有符合相应条件，企业才可对金融资产转移进行终止确认，而风险等级是企业终止确认票据背书或贴现的判断标准。当无法终止确认票据背书或贴现业务时，企业需采取不同的会计处理方式。

同样以 A 公司 2017 年的相应数据为例，由于只有 1 家企业终止确认但是以短期借款列示于企业财报中，所以背书转让的会计分录为：

借：库存商品　　51 934.81

　　材料采购——原材料　　29 347.38

　　在途物资　　68 578.79

　　应交增值税　　7 528.43

　　贷：银行存款　　139 460.58

　　　　短期借款　　17 928.83

贴现具有追索权的商业承兑汇票时，由于报酬及相应风险未能全部由企业转移至银行，因此不能终止确认，而应将其作为质押贷款开展相应会计处理。假设 A 公司 2017 年度贴现金额均具有追索权，则具体会计分录为：

借：财务费用　　　　　　　　5 097.38

　　银行存款　　　　　　　　28 957.29

　　贷：短期借款　　　　　　　　　　　34 054.67

8 月 10 日，企业将一张 6 月 20 日开出的面值为 60 000 元、年利率为 10%、期限为 90 天（9 月 18 日到期）的商业承兑汇票向银行申请贴现，银行同意后，按 8% 计算贴现利息。贴现企业的会计处理为：

借：银行存款　　　　　　　　60 818.3

　　财务费用　　　　　　　　531.7

　　贷：短期借款　　　　　　　　　　　61 350

到期承兑人承兑，贴现企业的会计处理为：

借：短期借款　　　　　　　　61 350

票据池业务的会计处理方式是怎样的?

票据池业务的会计处理具体操作流程如下：

（1）公司收到客户开具的 A 银行的银行承兑汇票，会计处理如下：

借：应收票据

　　贷：应收账款

（2）该票据到期日为 2016 年 12 月 20 日。

（3）公司为了延长票据的到期日，未直接背书给供应商，而是在 2016 年 12 月 10 日将应收票据存入 B 银行的票据池。

（4）通过 B 银行票据池业务，新开具 B 银行的银行承兑汇票给供应商，会计处理如下：

借：应付账款

　　贷：应付票据

（5）这样新开具的 B 银行的票据到期日为 2017 年 6 月 20 日。

（6）B 银行的票据到期承兑时，会计处理如下：

借：应付票据

　　贷：应收票据

该业务的实质情况如下：

（1）实际上在 2016 年 12 月 10 日至 12 月 20 日，该应收票据是质押在 B 银行的。

（2）票据在 2016 年 12 月 20 日到期，A 银行承兑，将该笔钱打给了 B 银行的票据池，形成公司通过票据池开出银承的保证金，这时公司会计处理如下：

借：银行存款

　　贷：应收票据

（3）2017 年 6 月 20 日票据到期后，B 银行承兑，这时公司会计处理如下：

借：应付票据

　　贷：银行存款

现在存在如下问题：

（1）因为应收票据到期日和应付票据到期日不同，按照公司的会计处理，在 2016 年 12 月 31 日会造成应收票据和应付票据同时增加。

（2）在 B 银行的账户没有收到承兑的钱。

这种情况会计该如何处理？

开出应付票据时，就是常规的分录，与一般应付票据初始确认的分录相同，只不过没有一般意义上的票据保证金。实质上是以应收票据的到期应收回金额抵充新开出的票据的保证金，不用另外缴存现金。

某些银行的《票据池业务专项授信协议》约定，企业将经过该银行认可的其合法持有的银行承兑汇票质押给银行，然后银行向其提供一定金额范围内的可连续循环使用的贷款、贸易融资、票据贴现、商业承兑汇票、保函、法人账户透支等业务的授信额度，期限为 1 年。上述业务只是保证金形式的变化，并无其他不同，应付票据业务本身就是核算企业使用承兑汇票的一种融资行为，没有必要单独使用短期借款科目，还是应当作为应付票据处理。至于承兑汇票、票据贴现以外的其他业务，实质上相当于借款，可在短期借款中核算。

有的银行的票据池 1 个月只能转出一次资金，资金使用受限。

票据池的应收票据到期时，并没有收到银行付给企业的钱，不应该计入银行存款，应该计入其他货币资金作为受限的货币资金存在。具体会计处理如下：

借：其他货币资金

　　贷：应收票据

银行与企业结算承兑汇票时，直接付出的是银行存款。具体会计处理如下：

借：应付票据

贷：银行存款

企业与银行的票据池结算时，具体会计处理如下：

借：银行存款

贷：其他货币资金

应收票据如何做会计处理?

企业与银行签订了《票据池业务专项授信协议》，约定企业将经银行认可的银行承兑汇票质押给银行入票据质押池，银行会给企业相应增加票据质押池融资额度。票据质押池融资额度自甲方完成票据质押手续后生成，并根据票据池内质押票据和票据池保证金账户余额的变化而变化。银行为企业开立票据池保证金账户，用于存放企业的票据保证金，由银行实际占有，企业无法查询及使用，因此不将其记录在账面上。

票据质押池的票据到期时，银行不会打钱给企业。银行找企业结算应付银行承兑汇票时，会先打一笔与应付银行承兑汇票等值的金额到企业的结算账户，然后立即转走结算应付银行承兑汇票。

企业可以先从银行要到保证金账户明细，应收票据到期托收兑现时终止确认即可。应收票据质押时仍然核算为应收票据，到期托收时计入其他货币资金的票据保证金。后续开出应付票据和常规处理无区别。

如何做票据池保证金是受限资金的会计处理？

A 公司收到客户的 100 万元票据，票据期限为 6 个月，收到票据时距离到期日 4 个月，现在 A 公司把票据背书给票据池合作银行，银行开立了 10 张 10 万元票据，6 个月到期，票据池保证金为 0 元，具体会计分录为：

借：应付账款　　　　　　　　　100

　　贷：应付票据　　　　　　　　　　100

票据池双向买断业务如何判断出表？

票据池双向买断业务是指银行买断企业票据池项下银行承兑汇票（应收票据）票据权利，同时承接企业相应金额的银行承兑汇票（应付票据）付款义务作为支付对价的业务。

银行开立票据池买断保证金账户，用于存放买断的应收票据的托收回款，并作为银行承接的应付票据付款义务的兑付资金。

票据池买断保证金账户兑付资金不足的处理如下。

因企业卖断的应收票据到期日晚于应付票据到期日，或卖断的应收票据到期托收拒付等原因造成票据池买断保证金账户资金不足以兑付银行承接的应付票据的，银行可采取以下措施处理：

（1）从票据池签约账户扣款兑付应付票据，企业应保证该账户有足额兑付资金。

（2）票据池签约账户余额不足部分，可用企业票据池保证金账户资金不超过可用池融资额度兑付应付票据。

（3）采用上述两种方式仍不足以兑付应付票据的，企业不可撤销地同意银行以发放备用贷款的方式兑付。贷款指定用于兑付应付票据。

问题：假设企业有 100 万元应收票据银行承总汇票、100 万元应付票据银行承总汇票，其中应付票据有 50 万元早于应收票据 3 个月到期，全部与某银行进行了双向买断。请问这笔业务能否使 100 万元的应收票据、100 万元的应付票据同时出表？

假设此处涉及的应收、应付银行承兑汇票都是由信誉良好的大型银行承兑的，承兑银行的信用风险可以忽略不计，不考虑“卖断的应收票据到期托收拒付”的情况。

在此前提下，因为已确定有 50 万元应付票据的到期日早于应收票据，按协议约定，相当于由企业自有资金先偿付到期的应付票据，后续收回对应的应收票据款后再归还这部分垫支的自有资金。这部分应收、应付票据不能实现抵销，所以至少仍应在应付票据到期日早于应收票据到期日的限度内，不终止确认应收和应付票据。

开展票据池业务对现金流量表有不利影响吗？

票据池项下入池质押银行承兑汇票所产生的票据托收回款，留在银行的保证金账户，是银行比较看重的，这部分保证金如果在票据池项下新开票到期前是不能随意提用的。

只有当“集团企业存票余额（含托收在途）+ 票据池保证金存款余额” > “该时点已开出承兑汇票 / 融资余额 + 拟申请开票 / 开展票据池业务对现金流量融资额度”，才能提用保证金，不对现金流量表产生不利影响。

票据池贴现业务取得的特定存款在现金流量表中如何反映？

（1）该特定用途存款可列报为“其他货币资金”。

（2）虽然该特定用途存款仅供集团内部结算使用，其使用范围受到较明显的限制，但是在该范围内还是可以自由使用的，因此可以认为属于“现金及现金等价物”，但同时应在附注中对其使用限制做出明确披露，并作为“母公司或集团内子公司使用受限制的现金及现金等价物”予以补充披露。

应付票据到期，银行垫付款项该怎样做账务处理？

子公司由于银行账户被冻结，开出的应付银行承兑汇票到期后无法支付，银行垫付了资金。子公司向银行发询证函，银行只是口头说会向企业收取利息，未明确具体利息金额，未签订正式协议。这种情况下，企业应该将应付票据列报为其他应付款——银行垫款，待正式签订协议时转为短期借款。利息可以先按照该子公司的一般商业贷款利率计算。

附追索权银行承兑汇票如何披露?

一般披露为质押借款，质押物就是被贴现的该应收票据。

比如母公司给子公司开具了一张银行承兑汇票，子公司收到票据时的会计科目如下：

借：应收票据

　　贷：其他应收款

贴现时附追索权的会计科目如下：

借：银行存款

　　财务费用

　　贷：短期借款

第五章

软件技术答疑

票据池系统功能框架是什么样的?

票据池系统功能框架如图 5–1 所示。

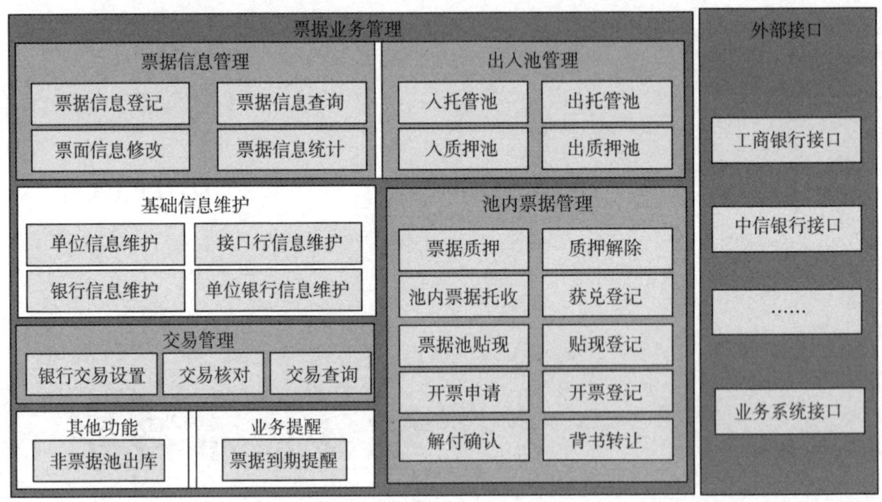

图 5–1　票据池系统功能框架

如何防止出现回头票?

升级财务公司电票系统，或者借助票据池合作银行的最新版票据池系统，可防止出现内部回头票和外部回头票。内部不收回头票是为了防止风险在内部交叉传染，但是回头票并不是影响票据对外背书流通和贴现的因素，外部企业用回头票来拒收承兑是站不住脚的，也是没有法律依据的，不收回头票是商业不道德的表现。

如何通过软件技术减少人力操作?

升级集团财务公司电票系统，批量处理固定性、规律性票据结算行为，如批量质押入池、批量背书等。

什么是票据周转率?

笔者提出了“票据周转率”的概念。大部分票据是销售形成的，只不过是应收账款的另一种形式，应参考应收账款周转天数的计算方法计算票据周转率，具体如下：

票据周转率（周转次数）= 营业收入 ÷ 票据平均余额

票据平均余额 =（票据余额期初数 + 票据余额期末数）÷ 2

财务公司电票系统是否需要升级?

集团企业根据票据池业务进展情况，适时升级财务公司电票系统。

财务公司电票系统升级主要包括以下几个组成部分。

（1）需要建立财务公司票据处理系统。该系统是财务公司电票系统的核心部分：一是需要实现会员管理、权限管理等系统基础功能；二是需要实现类似于商业银行网上银行的线上申请查询平台，会员企业可通过线上平台进行电子银票承兑申请、电子商票开票、背书转让、贴现申请、质押申请、保证申请、提示付款、追索及业务查询等操作，并需要实时查看市场行情及金融机构报价信息；三是需实现系统的后台处理机制，分门别类地将各类申请发送至关联系统。

（2）需要与财务公司内部系统实现对接。一方面，系统需实现企业与各财务公司之间业务指令的发送与接收，将相关指令发送至财务公司内部系统中，并接收相关反馈信息，如电子银票承兑申请、贴现申请、质押申请、保证申请等；另一方面，系统需实现财务公司二级市场交易相关指令的发送与接收，展现票据二级市场行情信息，接受财务公司二级市场交易指令，并向各财务公司反馈上海票交所的成交信息。

（3）需要与上海票交所系统、电子商业汇票系统（ECDS）、大额支付系统实现对接。系统需要与上海票交所的相关系统实现互联，以便于财务公司的票据二级市场交易。

①电票优先路径：电子商业汇票具有防伪性能高、传递便捷、交易迅速等独特优势，可在一定程度上有效规避票据操作风险。电票自 2009 年正式推出后发展迅速，适合采用“交易所互联网 + 竞价撮合”的交易模式。财务公司票据平台可以电子商业汇票为基础，先行推出基于电子商业汇票的交易平台，而后再考虑纸质商业汇票。

②银票优先路径：银行承兑汇票与商业承兑汇票相比，由于在承兑环节引入了银行信用，因此信用风险相对较低，易于标准化；且银行承兑汇票的签发量、交易量也远远超过商业承兑汇票。财务公司票据平台在成立初期，可以考虑优先推进银行承兑汇票的相关交易，而后再逐步推广商业承兑汇票。

合作银行的信息化建设需满足什么要求?

企业应该在前期《票据池需求尽调函》里，表明合作银行的票据池系统必须能与集团财务公司电票系统对接。

使用电子商业汇票有哪些便利?

使用电子商业汇票有以下便利。

（1）电子票据不易丢失、损坏和遭抢劫。电子票据存储在系统中，通过可靠的安全认证机制能保证其唯一性、完整性、安全性，降低纸质票据携带和转让的风险。

（2）容易辨别真假，不易遭受假票、克隆票诈骗。在目前的纸质票据中，票据本身以及签章是鉴别真伪的手段。虽然在票据的纸张和印制过程中，应用了很多防伪措施，但是仅凭肉眼辨别真伪仍存在很大的困难，一些不法分子利用伪造、变造的票据凭证和签章骗取银行和客户资金的案件时有发生。推行电子票据后，使用经过安全认证的电子数据流和可靠的电子签名，能够抑制假票和克隆票犯罪。

（3）交易快速、方便。纸质商业汇票的交易，需人工携带并乘坐火车、飞机等运输工具，买卖双方见面后当面交易，时间长、成本高、效率低。推行电子票据后，企业、银行和其他组织可以借助电脑、网络通过电子商业汇票系统完成票据的签发、承兑、背书、贴现、质押、保证、兑付等票据流通的各个流程，足不出户即可完成票据在全国乃至全球范围的流转，实时、快捷、低成本地办理各项票据业务，大大简化交易过程，提高交易效率。

（4）提高银行和企业管理自身票据的水平。推进电子票据提高票据业务的透明度和时效性，提升票据业务的管理手段和水平，全程跟踪票据业务办理的各个环节，有利于对票据业务进行汇总统计和实时监测，防范票据业务风险。采用电子票据后，能大大提高银行自身的内控水平和监管机构的监管水平，遏制银行违规承兑、贴现银行承兑汇票等违规行为，减少票据违法事件的发生；有助于形成统一的票据市场，促进金融市场的连通和发展。

电子商业汇票业务的签约要经过哪些环节？

电子商业汇票业务的签约需经过如下环节：

一、业务受理

企业申请办理电子商业汇票业务的签约，应向其开户行提交以下资料。

（1）填制好的电子商业汇票业务开通申请表，并加盖公章。

（2）法定代表人（单位负责人）的有效身份证件及复印件；授权他人

办理的，需出具授权书，并同时提供法定代表人（单位负责人）及被授权人的有效身份证件及复印件。

二、银行业务审核

（1）银行审核申请资料的完整性与合规性无误后，与企业签订电子商业汇票服务协议，并在业务开通申请表上签章确认后将申请资料交经办行经办人员。如企业选择通过企业网银办理电子商业汇票业务，还应按网银有关规定处理。

（2）银行运营主管或业务主管审核申请资料的完整性无误后，在业务开通申请表上签章确认后交操作员做后续处理。

三、交易处理

操作员在电子商业汇票系统中选择业务签约，点击新增签约，依据企业申请资料输入签约企业的信息，核对信息资料无误后点击提交。如客户选择通过网银办理电子商业汇票业务，操作品还应按网银有关规定为企业进行处理。

四、资料处理

业务开通申请表、服务协议加盖有关印章后，一联开通申请表、服务协议交客户，一联开通申请表、服务协议由银行保管。

银行电子商业汇票业务可以在哪些渠道上办理？

柜台和网上银行。企业申请通过网上银行办理电子商业汇票业务，应另行签订网上银行服务协议。企业到柜台申请办理电子商业汇票业务，应填制相应的服务申请表。

企业的费率如何维护？

电子商业汇票可在承兑、出票、收费等项目开展时，自动生成收费单，或手工生成其他有偿服务收费单进行收费。同时，针对收费项目可于总行级别设置基准费率、地区差异费率及客户群组费率，于二级分行以上级别进行辖区内客户群组维护；各项费率均支持按笔、单一费率、多级费率的收费方式。如需新增收费项目或申请地区差异费率与客户群组费率，可由分行向总行业务主管部门行文申请，待主管部门批准后，由业务主管部门内具有操作权限的产品管理岗操作员直接配置。

待收费项目及费率配置成功后，于交易界面录入所有必填项后，各收费项目自动显示，供操作员核对；核对通过后，进入“公共操作—费用收取—待处理收费单”进行手续费的扣收。

根据业务现状，票据池系统已维护相关交易可能涉及的收费项目及计算公式。如承兑交易：

承兑手续费 = 出票金额 × 手续费率

承兑承诺费 =（出票金额 – 保证金金额）× 承诺费率 × 上下浮比

票据质押入池及解质押的操作流程是什么?

一、纸票质押申请

出纳在网银资产质押入池菜单中选择纸票质押申请功能，可逐笔录入须质押的票据信息，点击增加—输入网银密码及 PIN 码—交易成功，并将生成的预约编号提供给票据池合作银行营业部。

二、托管票据质押申请

托管银票未办理贴现的，可发起票据质押申请，银行根据银行承兑汇票的承兑行核定票据的质押率，票据质押成功后生成对应的可用池融资额度。

三、电票质押申请

可以申请电子银行承兑汇票或电子商业承兑汇票质押入池。

查询条件，根据查询结果，选择可质押的电子票据，提交质押申请。

四、被退回的纸票质押申请

对被银行退回的纸票质押申请指令进行修改后重新发起质押申请。复核和授权流程不变。

五、票据解质押申请

企业发起纸票解除质押申请，由票据池合作银行自动审批后，该纸票将变为托管状态；企业发起电票解除质押申请，由票据池合作银行自动审批后，该电票将变为质押解除待签收状态，由企业在电子票据下进行解质押签收。

如何使用票据池批量工具?

票据池批量导入文本格式如下：

（1）企业经办员打开 Excel，按规定的格式编制批量票据池文件（记录数不超过 200 条）。

（2）编制完成后，点击“另存为”，选择“其他格式”中的“保存类型”为“CSV（逗号分隔）（*.csv）”。

票据池系统有哪些统计功能？

很多企业的电子承兑汇票由本单位通过网银收取和保管，因缺乏承兑汇票信息化管理手段，某些企业只能通过人工统计上报的形式来了解各子企业承兑汇票的收取和持有情况，效率低，准确性不高，无法及时满足承兑汇票管理需要。

一、票据信息统计的要求

（1）统计纸票批量入池的情况时，票据池要设置批量导入单次上限1 000条票据数据，批量导入模板的单元格格式不能修改。

（2）为了保证贴现信息统计的准确性，票据池仅支持托管状态且未托收的票据可做贴现申请，池内质押状态的票据不可申请贴现。

（3）为了减轻服务器负担，票据池业务处理结果查询日期范围不可超过1年。

（4）为了减轻服务器负担，票据池登记簿查询日期范围不得超过1年，票据、资产业务到期日之后200天进行清理，其中资产业务登记簿查询日期范围不得超过2个月。

二、业务处理结果查询统计

企业出纳通过网银选择业务种类和指令状态，输入日期范围和金额范围，点击查询，可查询相关的业务申请处理结果，包括入池、出池、质押托管转换、出票、贴现等。

选中想要查看的业务记录—点击查看业务处理结果，可查看详细信息。

三、签约关系查询

企业出纳进入签约关系查询，系统根据所登录的账号查询企业票据池签约信息。集团企业可查询自身和成员单位的签约信息，成员单位和单一企业票据池查询自身的签约信息。

四、集团关系查询

企业出纳进入集团关系查询，系统根据其所登录的账号查询集团信息。集团企业可查询自身和成员单位的相关信息，成员单位可查询自身和所属集团的相关信息，单一企业票据池不支持该菜单选项。

五、票据池额度信息管理

企业出纳进入票据池额度信息管理，系统根据其所登录的账号查询票据池额度信息。集团企业可查询自身和成员单位的额度信息，成员单位和单一企业票据池查询自身额度信息。

输入成员名称，点击成员额度信息查询可查询成员的额度信息。支持模糊查询，即不输入成员名称直接查询所有成员的额度信息。系统回显查询结果，点击成员名称可查看成员额度明细。

六、出入池登记簿

企业出纳选择起始日期和终止日期，选择票据类型、票据介质、业务类型、出入池方式，可输入票据号码，点击查询，系统回显查询结果，可导出 Excel。集团企业账号可选择成员单位进行查询。

七、质押托管转换登记簿

企业出纳选择起始日期和终止日期，选择票据类型、票据介质、业务类型，可输入票据号码，点击查询，系统回显查询结果，可导出 Excel。集团企业账号可选择成员单位进行查询。

八、出票申请登记簿

企业出纳选择起始日期和终止日期，选择票据介质，可输入票据号码，点击查询，系统回显查询结果，可导出 Excel。集团企业账号可选择成员单位进行查询。

九、在池票据登记簿

企业出纳选择起始日期和终止日期，选择票据类型、票据介质、在池状态，可输入票据号码，点击查询，系统回显查询结果，可导出 Excel。集团企业账号可选择成员单位进行查询。

十、资产业务登记簿

企业出纳选择起始日期和终止日期，选择业务类型，点击查询，系统回显查询结果，可导出 Excel。集团企业账号可选择成员单位进行查询。

十一、保证金交易登记簿

企业出纳选择交易类型和日期范围，点击查询，系统回显查询结果，可导出 Excel。集团企业账号可选择成员单位进行查询。

十二、票据托收登记簿

企业出纳选择起始日期和终止日期，选择票据类型、票据介质，可输入票据号码，点击查询，系统回显查询结果，可导出 Excel。集团企业账号可选择成员单位进行查询。

十三、入池资产查询

通过票据池系统可以查询托管票据、贴现票据、质押票据等票据信息，包括出票人、票据类型、票据号码、票面金额、承兑人（行）、出票日期、到期日期、票据介质、票据状态等，支持集团池主办单位查询所有成员的信息。

十四、票据池融资及电子合同查询

使用票据池融资查询交易，可查询日期区间不超过 1 年的票据池融资情况，在查询类型中选择票据池融资查询，点击确定，支持集团池主办单位查询所有成员的信息。

使用票据池融资查询交易，可查询电子合同信息，在查询类型中选择电子合同查询，点击确定。可以点击列表中业务流水号下的超链接，查看电子合同详情。

十五、异常票据查询

使用该交易客户可查询客户托管或质押等状态下，中国人民银行纸票登记系统中的异常票据信息。

十六、票据信息对账单

使用该交易客户可查询票据信息对账单。

十七、集团企业多级票据池查询

对需要建立三级架构的集团企业票据池，可由集团企业主办单位提出申请，票据池合作银行客户经理根据企业申请信息组建三级架构的多级池。多级集团的一级单位（如集团总公司）的出纳通过票据池的票据池查询的多级票据池查询菜单，查询下属票据池客户的入池票据信息，输入查询条件后，点击确定按钮。一级单位的出纳可以查询到下属各票据池的入池票据信息，并支持数据导出。

十八、集团企业额度占用费查询

企业出纳可通过票据池的票据池查询的额度占用费查询功能查询池融资额度占用费回单。按季收取，则扣费时间为每季末月的 20 日，点击打印回单按钮，可打印池融资额度占用费的电子回单，回单在扣款成功后一个工作日内生成。如需记账，可将电子回单直接打印后作为记账凭证，并可向票据池合作银行外的银行查询。

十九、集团企业池额度调剂查询

企业出纳可通过票据池的票据池查询的池额度调剂查询功能查询池融资额度调剂情况。可选择不同的成员单位查询，也可以查询全部成员单位。操作日期可以选择企业所需的业务发生日期区间。

二十、票据实时查询功能

企业出纳可通过银行网银方便、快捷地对有疑问的票据进行查询。对有银行挂失止付或法院公示催告等信息的异常状态票据，银行系统会通过网银、手机短信等方式进行反馈。

已签约票据池企业可以通过银票代理查询交易向纸质银行承兑汇票的承兑行发出票据查询报文。对于查询结果，由于承兑行不实时反馈，请注意后续在查询结果中查看信息。票据池合作银行负责通过大额支付系统向纸质银票的承兑行进行票据查询，并向企业展示承兑行对所查询票据的查复信息，但是不对纸质银票的真伪负责。另外，发起查询业务需经复核授权员复核授权，企业出纳及时通知复核授权员。

发起查询：未注册企业登录票据池合作银行网上营业厅，点击免费注册，自助注册查询手机。注册的查询手机需与所属企业的组织机构代码证绑定。请注意，一个手机号码只能绑定一家企业。此渠道查询有服务期限和次数限制。自助注册成功后，可使用已经注册的手机号，输入手机动态码校验后登录银行网上营业厅。

登录成功后，通过金融服务分类重点推荐的票据业务菜单，选择异常票据查询，输入票据号码进行票据异常状态实时查询，发出查询后，系统将票据信息发送至注册手机。

二十一、应付票据统计表

该表的主要功能是统计当前日期及当前日期以前的历史信息的各单位

的所有应付票据，但不含已结清票据及总金额合计。集团电票系统的查询统计出了应付票据统计表。

二十二、应收票据统计表

该表的主要功能是统计当前日期及当前日期以前的历史信息的各单位的所有应收票据，但不含已结清票据及总金额合计。

票据池 IT 系统如何升级?

可在商业银行总行科技部门的支持下，提出业务需求开发建立票据池业务专用系统，或在现有票据业务系统中嵌入票据池业务模块，并与信贷业务系统挂接，实现票据池业务全流程的电子化登记。系统刚性管理、实时监测，并与电子商业汇票业务良好衔接。开发设计网银渠道，以中国人民银行电子商业汇票系统 ECDS 为交易平台，依托银行票据管理系统、企业网银、法人信贷管理、银企互联等系统，满足企业对入池票据日常统一管理的需要；为参加中国人民银行 ECDS 系统的金融机构开发票据池网银服务功能，使企业也可通过网银终端实现票据信息查询、融资记录查询及出池、入池业务申请功能，以顺应我国电子票据业务发展的大潮流，同时进一步提升票据池产品的市场竞争力。

票据操作风险如何防范?

操作风险也是电票管理面临的一大问题。在企业签发电票的过程中，系统操作不可逆，所以应尽量避免发生差错。票据池 5.0 版借鉴保险犹豫期做法，为企业设计出延时出票功能，在企业电票出票、背书支付时，可自行设置冷静时间，允许在延后时间内撤回指令，减少人为操作失误。

票据池 4.0 版以优化企业电票操作体验为出发点，围绕电票全生命周期中的出票、提示收票、收票、背书、提示付款五大环节，设计了适用各种不同场景的智能管理工具，致力于成为企业电票操作与管理的贴心管家。

集团企业内部之间的沟通途径如何建立?

随着票据池业务的推进，企业会遇到各种未知的问题和风险，大型集团企业应建立高效的沟通机制，各单位、各部门可通过联系人建立微信群、学习强国群、QQ 群等加强沟通。

企业与银行之间文件往来的方式有哪些?

企业与银行双方同意并确认下列地址作为票据池合同项下通知事项以及发生纠纷时相关诉讼或仲裁、公证等法律文书，包括但不限于签约各方的各类通知、文件；法院或仲裁庭送达的起诉状或仲裁申请书及证据、传票、应诉通知书、举证通知书、开庭通知书、支付令、判决书或裁决书、裁定书、调解书、执行通知书、限期履行通知书等诉讼或仲裁审理、实现担保物权程序及执行阶段法律文书；公证机构送达的各类通知和法律文书的有效送达地址以企业经营所在地为准。

企业与银行双方约定的送达地址适用期间包括非诉阶段和争议进入仲裁、诉讼程序后的一审、二审、再审、执行、实现担保物权程序、督促程序及强制执行公证等所有阶段。如上述送达地址有变更的，企业应当提前以书面方式通知甲方（诉讼或仲裁期间还应提前书面通知法院或仲裁庭，已办理强制执行公证的还应书面通知原公证机构）重新确认送达地址并取得回执。如未提前通知的，视为未变更，相应法律后果由企业自行承担，约定的原送达地址仍视为有效送达地址。

任何文件、通信、通知及法律文书，只要按照约定的任一地址发送，即应视作在下列日期被送达（向指定代收人送达视为向本人送达）：邮寄（包括特快专递、平信邮寄、挂号邮寄），以邮寄之日后的第五个工作日为送达日；传真、电子邮件、手机短信、微信、QQ或其他电子通信地址，以发送之日为送达日；专人送达，以收件人签收之日为送达日。收件人拒收的，送达人可采取拍照、录像方式记录送达过程，并将文书留置，亦视为送达。

因企业提供或确认的送达地址不准确、不真实，或送达地址变更后未及时通知对方和仲裁机构、人民法院、公证机构导致无法实际送达的，企业应自行承担相应的法律后果，并视为已有效送达：邮寄送达的，以文书退回之日为送达日；专人送达的，送达人当场在送达回证上记明情况之日为送达日；电子方式送达的，以发送之日为送达日。

票据池合作银行以合同载明的住所地为送达地址。票据池合作银行在其网站、网上银行、电话银行或营业网点通过发布公告的方式发送通知的，以公告发布之日为送达日。票据池合作银行在任何情况下均无须对邮递、传真、电话或任何其他通信系统所出现的任何传送失误、缺漏或延迟承担任何责任。

各方约定，各方的单位公章、办公室印章、财务专用章、合同专用章、收发章及甲方的信贷业务专用章等均是各方通知或联系、法律文书送达、信函往来的有效印章。乙方单位所有工作人员是文件往来、通信和通知的有权签收人。

票据池在线融资系统是什么?

票据池在线融资系统是指票据池合作银行利用先进的技术手段以互联网或其他网络为基础自主开发的一套电子化金融服务系统，并通过与银行内部的网上银行服务系统、信贷管理系统、账务处理系统、会计核算系统、商票系统等多个关联系统的整合，以及与各相关业务合作方系统数据信息的协同与共享，在为客户提供更为高效便捷的融资、结算、资金管理、理财、风险管理、信息服务等全面的金融产品和服务。

基于企业电子商业汇票承兑、贴现业务流程和操作规则，客户可通过电子签名方式进行相关业务操作，如通过企业网银或其他多种电子渠道提交、签署、确认、修改与各相关金融产品和服务相对应的各类业务申请（如承兑申请、贴现申请、各类信息服务申请等）及电子合同等相关法律性文件，并根据企业平台的具体功能进行相关业务申请处理状态的查询、统计、预警等。

票据池在线融资业务是什么?

票据池在线融资业务，即全部或部分业务流程和操作环节所对应的服务功能通过甲方平台予以成功实现的各类金融产品和服务，具体是指电子商业汇票承兑、贴现业务，以及与之相关的结算和信息增值服务等。

票据池网上银行是什么?

票据池网上银行是指票据池合作银行通过互联网向个人客户、企业客户、金融同业客户、其他组织等提供融资、结算、理财等各种金融服务的银行电子系统，同时也作为企业操作使用票据池合作银行平台的重要电子渠道之一。非自然人客户在使用票据池合作银行平台功能前，一般需要开通企业网上银行。成功注册成为银行网银用户的企业即可通过该银行电子系统申请办理在线融资、查询、转账和电汇等相关银行业务。

票据池 USB-Key 证书是什么?

票据池 USB-Key 证书是指用于存放企业身份标识，并对企业发送的电子渠道网上银行交易信息进行电子签名的有效印鉴，存放介质是“USB-Key”。

什么是票据池电子指令?

票据池电子指令是指企业合法登录银行电子渠道网上银行系统后，使用在线融资业务的各项功能，向银行发出的符合票据池合作银行要求的业务申请、查询、支付转账，以及修改、审核、确认删除承诺类文书等各类电子数据信息。

票据池能否与商业智能项目对接?

能。

商业智能（Business Intelligence，简称 BI），又称商业智慧或商务智能，指用现代数据仓库技术、线上分析处理技术、数据挖掘和数据展现技术进行数据分析以实现商业价值。

商业智能的概念在 1996 年由加特纳集团（Gartner Group）提出。加特纳集团将商业智能定义为：商业智能描述了一系列的概念和方法，通过应用基于事实的支持系统来辅助商业决策的制定。商业智能技术提供使企业迅速分析数据的技术和方法，包括收集、管理和分析数据，将这些数据转化为有用的信息，然后分发到企业各处。

通过电票系统可以与集团企业的 BI 项目对接，但考虑到资金的安全性，建议集团企业谨慎对接。

票据池能否与财务共享中心对接?

能。票据池是实现财务共享中心对公付款、票据结算的重要通道。

财务共享是一种支撑财务由信息反映型向决策支持型转变的运营模式。它是以提高效率、提升业务质量、实现资源优化配置为目标，将同质、频率较高的资金结算、核算、报表等交易处理职能进行集中和提升的创新管理模式，可帮助企业从战略、价值、质量、管控四个角度全面提升管理水平，给企业带来更多收益。

财务共享服务中心（Financial Shared Service Center，FSSC）是企业集中式管理模式在财务管理上的最新应用，其目的在于通过一种有效的运作模式来解决大型集团企业财务职能建设中的重复投入和效率低下的弊端。财务共享服务（Financial Shared Service，FSS）源于一个很简单的想法：将集团内各分公司的某些事务性的功能（如会计账务处理、员工工资福利处理等）集中处理，以达到规模效应，降低运作成本。《财富》杂志世界500强公司排行榜中有很多已引入、建立了共享服务运作模式它们的财务运作成本得到了大幅下降。

财务共享中心的资金业务流程如图5-2所示。

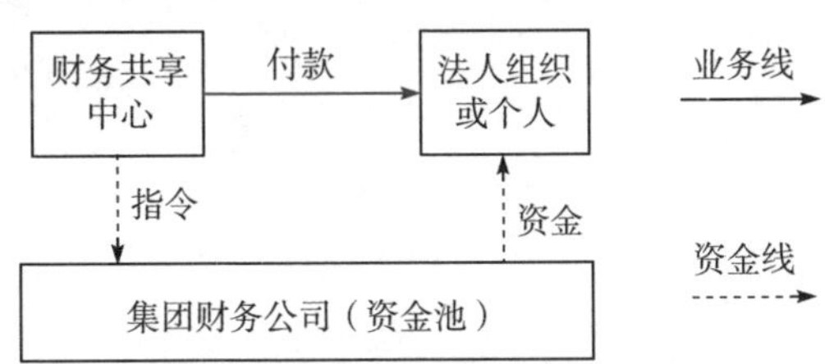

图 5-2 财务共享中心的资金业务流程

集团企业成功筹建票据池后，成员单位能在合作银行票据池拆分商业汇票，满足付款需求；同时制定票据池制度规范商业汇票的收付方式，财务公司票据系统能为财务共享中心提供商业汇票收付款通道。

综上所述，票据池业务要积极参与集团企业财务共享中心建设，按职责分工，在资金集中管理的原则下，充分发挥财务公司资金管理的优势，重点打通两个通道：一是现汇付款通道；二是票据收付款通道。

第六章

法律合规答疑

票据池业务问答

大型集团企业开展票据池业务是否合法合规?

 是。

一是依据《中华人民共和国票据法》第十条规定,“票据的签发、取得和转让,应当遵循诚实信用的原则,具有真实的交易关系和债权债务关系。票据的取得,必须给付对价,即应当给付票据双方当事人认可的相对应的代价”。

二是依据财政部令第41号文件《企业财务通则》第二十三条规定,“集团企业可以实行内部资金集中统一管理,但应当符合国家有关金融管理等法律、行政法规规定,并不得损害成员单位的利益”,因此集团企业统一管理票据,实际上是内部资金监管行为。如果是国有企业,那就是对国有控股公司权属单位的资金使用进行监管,是集团企业履行国有资产管理职责的需要。

三是依据《中国人民银行办公厅关于电子票据系统推广上线有关问题的通知》(银办发〔2010〕27号)第四款其他相关要求中第一条,“为便利财务公司对集团内部电子票据的集中管理,成员单位或其直接交易对手可通过电子票据系统以背书方式将电子票据转让给集团企业”。

四是符合大部分集团企业资金管理制度的资金集中管理原则。资金是企业经营过程中的“血液”,特别是经济下行期,很多企业倒闭的原因是资金链断裂。集团企业进行资金管理是以集团及其下属成员单位资金运营为对象,合理运用多种资金内部管理方法,整体提升集团资金运营效益。这里的“资金”除了银行存款,还包括票据、结算手段、筹资手段等。因此，大型集团企业与成员单位之间支付对价取得票据的行为，是有章可循的。

为什么入池质押票据需要真实贸易背景?

单一企业入池质押票据需考虑贸易背景。《票据管理实施办法》第十条规定，“向银行申请办理票据贴现的商业汇票的持票人，必须具备下列条件:（一）在银行开立存款账户;（二）与出票人、前手之间具有真实的交易关系和债权债务关系”。

银行面临哪些内部风险？该如何防控?

风险点之一：银行机构内控不力。

每一起票据业务风险案件都暴露出银行机构存在内控不力的问题，涉及多个方面。

一是纸质票据实物的清点交接登记、出入库制度不完善，查账、查库管理不到位。

二是证照、印章管理有漏洞，导致违规出借被利用。

三是同业业务权限不符合规定，诱发风险。

四是同业账户管理不善，被不法分子钻空子冒用。

五是员工管理不到位，员工或与非法中介、不法分子勾结，或违规办理业务，造成巨大损失和不良影响。

风险点之二：票据中介无序发展，扰乱市场运行秩序。

随着票据市场规模的快速扩张，各类票据中介组织快速发展，其中不乏非法组织。众多的非法票据中介或者资金掮客，诱发了各类业务乱象，比如承兑环节伪造存单骗取银行开立银行承兑汇票并贴现套取资金，乱签商业承兑汇票虚假贴现后再转贴现套取资金，在回购环节非法挪用实物票据套取资金，控制、操作中小银行的同业账户开展票据交易套取资金等。

传统票据市场风险：2016 年，票据市场先后披露多起风险案件，外因是经济下行、股市下跌，内因则是业务快速发展、违规套利问题的集中反映。不仅给一些银行造成了巨大损失，也在一定程度上影响了票据市场的稳定发展。有关票据市场风险案件涉及机构范围广，既包括国有、股份制银行，也包括城商行、村镇银行；每起案件涉案金额均超过了 1 亿元；涉案业务类型涵盖了承兑、贴现、转贴现、回购，并以回购业务居多。

银行可从以下环节入手做好内部风险防控。

一是票据池业务申请环节的风险防控。

银行设置准入条件，企业开通办理票据池融资业务须满足下列条件：①在票据池合作银行开立基本存款账户或一般存款账户；②生产经营正常，产品质量和服务较好，履约记录良好；③若企业申请开通在线票据池电票贴现功能，至少需要过往 6 个月（含）具有合法、真实的商品或劳务交易，并承诺将基于真实、合法的商品或劳务交易在银行办理在线票据池电票贴现业务；④持有符合银行要求的尚未到期且要式完整的电子银行承兑汇票。

银行经办及风控部门要对企业提交的票据池业务申请进行合规审核。

二是票据池业务签约环节的风险防控。

严格流程控制，专门制订业务流程，制作票据池业务风险控制流程图，明确各环节经办人、责任人，并将流程图悬挂于墙上，严格按照操作规程执行。

票据池对集团企业、上市企业有何影响?

例如，证监会及证券交易所针对关联交易的相关文件要求，大股东不得侵占小股东利益等，是否会影响票据回款资金在上市公司与总部之间的归集及划拨？答案是不影响。参考集团企业资金集中管理模式及本书相关问答。2019 年中国上市公司有 52 家开展金额不等的票据池融资业务，2020 年中国上市公司有 143 家开展金额不等的票据池融资业务，可见票据池融资业务已经成为上市公司的必备融资利器。

票据池流动性风险如何防控?

集团企业开展票据池业务，需在合作银行开立票据池质押融资业务专项保证金账户，作为票据池项下质押票据到期托收回款的入账账户。应收票据和应付票据的到期日不一致的情况会导致托收资金进入集团企业向合作银行申请开具票据的保证金账户，对集团企业资金的流动性有一定影响。

集团企业通过用新收票据入池置换保证金的方式解除这一影响，资金流动性风险可控。

票据池担保风险如何防控?

集团企业以进入票据池的票据做质押，向合作银行申请开具票据用于日常经营支付，随着质押票据的到期，办理托收解付。若票据到期不能正常托收，所质押担保的票据额度不足，会导致合作银行要求集团企业追加担保。

集团企业与合作银行开展票据池业务后，应安排专人与合作银行对接，建立票据池台账，并跟踪管理，及时了解到期票据托收解付情况，安排集团企业新收票据入池，保证入池票据的安全性和流动性。

若票据池内票据到期不能正常托收怎么办?

若池内票据到期不能托收，集团企业将该票据从票据池中转出到网银里再背书给成员单位，由有贸易背景的单位进行操作；或者由集团企业直接操作。

如何做好票据池的监管工作?

做好票据池质押票据的保管和监管工作，建立台账，实时查询笔数、金额，确保池内票据和监管专户资金安全。

资产计划管理人为何委托银行签收票据质押?

第一，资产计划管理人当然希望将票据直接质押给专项计划，但是在电子商业汇票系统中，无法将票据质押背书给专项计划。原因是《电子商业汇票业务管理办法》第七条规定，“办理电子商业汇票业务应具备中华人民共和国组织机构代码”。专项计划不是独立民事主体，没有组织机构代码，故不能在电子商业汇票系统中登记为质权人。

第二，票据也无法质押背书给资产计划管理人。根据《证券公司资产证券化业务管理规定》第三条规定，“因专项计划资产的管理、运用、处分或者其他情形而取得的财产，归入专项计划资产”。专项计划资产必须独立于管理人的固有财产，故不能将质押登记在甲证券公司名下。

证券公司为何不能请求保理公司付票面金额?

一是票据代理应适用严格显名主义，代理人在代理他人为票据行为时，必须以被代理人的名义实施。

二是《中华人民共和国票据法》第三十一条前款规定，“以背书转让的汇票，背书应当连续。持票人以背书的连续，证明其汇票权利；非经背书转让，而以其他合法方式取得汇票的，依法举证，证明其汇票权利”。

按照《中华人民共和国票据法》规定，行使汇票权利时，持票人不仅需要持有票据权利凭证，还需要验证票据背书是否连续。持票人如果是通过背书取得票据的，那么票据背书必然是连续的；但是如果持票人非经背书转让取得票据，则即使持票人持有票据凭证，还需要向票据债务人依法举证，证明其汇票权利。在理论中，持票人非经背书转让取得票据的情况主要有税收、企业新设合并或分立等。

做票据资管是否存在其他风险?

一、应收账款模式

应收账款模式中，原始权益人以其持有的票据与对应基础交易关系债权相挂钩，将票据对应债权作为基础资产发起专项计划，并通过票据质押给专项计划保证权利转让实现，具体流程如下：

（1）买卖双方签署基础交易合同并形成基础交易关系，卖方向买方交付货物或提供服务，由此形成了卖方对买方享有的应收账款；

（2）买方向卖方开具银行承兑汇票或商业承兑汇票；

（3）卖方作为发起人以应收账款为基础资产发起专项计划，同时将票据质押给专项计划。

该模式的基础资产为应收账款，与应收账款挂钩的票据被作为一种增信方式质押给专项计划。从《中华人民共和国票据法》的基本理论看，使用票据作为支付结算方式的，票据债权与原因债权间的关系有两种可能：第一，票据债权成立后，原因债权就消灭，因而债权人只能行使票据债权，不能行使原因债权；第二，两种债权并存，债权人应先行使票据债权，如行使票据债权无效果，可以行使原因债权。

这里涉及债权清偿的基本理论。上述模式中第一种“可能”指的是双方通过明确意思表示，约定交付票据后原因债权消灭。第二种“可能”指的是双方未约定通过票据消灭原因关系，则债权人受领票据应理解为新债清偿。新债清偿需遵循以下法律规则：首先，新债设定后，原定旧债依然存在。其次，新债的设定旨在清偿旧债，因此新债设定后债权人应先行使新设定之债权。再次，旧债虽然继续存在，但不能行使，其效力处于暂时休眠的状态。最后，新债清偿是为了以新债清偿旧债，因此新债获得清偿后，旧债同时获得满足并消灭。若新债未获清偿，则当事人仍要行使原定旧债权，此时，旧债权因未获清偿而复苏。

由此可见，在应收账款模式中，如果买方签发票据属于第一种“可能”，则票据债权成立后应收账款已经消灭，发起人无法将应收账款转让给专项计划。如果买方签发票据属于第二种“可能”，则应收账款的满足取决于票据债权的满足。只有在票据债权未获清偿的情况下，专项计划管理人才能向债务人请求给付应收账款。这里存在两个问题，首先，应收账款挂钩的票据作为增信措施向专项计划进行了质押，但专项计划管理人只有行使票据权利后才能行使应收账款请求权，基础资产与增信措施在履行顺序上出现了颠倒。其次，应收账款的现金流取决于票据债权是否获得满足，在专项计划发起时，作为基础资产的应收账款不符合“未来具有现金流入的资产”这一条件。

因此，把应收账款作为基础资产与将票据作为基础资产，在信用风险度量上并无差别，但存在理论瑕疵。

二、票据收益权模式

收益权指获取基于所有者财产而产生的经济利益的可能性，是所有权在经济上的实现形式。我国的相关法律法规中并没有对收益权的内涵与外延做出明确的界定，而在实务中，收益权的具体内容通常由交易双方根据基础交易的不同及交易需要，以合同方式进行约定。由此可见，除法律有明确规定以外，收益权通常不是法定权利，而是由交易主体在基础权利的基础上根据交易需要创设的一项约定权利。

票据收益权属于约定权利，那么将票据收益权作为基础资产就应约定票据收益权的范围。票据收益权一般包含以下内容：

（1）因承兑行支付票据金额而产生的任何资金流入收益；

（2）因银行承兑汇票的附属担保权益义务人履行附属担保权益义务而产生的任何资金流入收益；

（3）因承兑行拒绝付款而向出票人、背书人（如有）及银承汇票上的其他债务人（如有）行使追索权而取得的任何资金流入收益；

（4）因申请贴现或其他处置而产生的任何资金流入收益；

（5）因处置银行承兑汇票所衍生的权益而产生的任何资金流入收益；

（6）其他因银行承兑汇票产生的任何资金流入收益。

从以上六项可以得出，票据收益权包括票据请求权收益、票据担保收益、票据追索收益、票据转让收益，以及其他与票据有关的收益，基本涵盖了持票人行使票据权利可得的所有收益类型。

票据收益权模式存在明显的漏洞。一是票据收益权不等同于票据权利，基础资产发起人在向专项计划转让票据收益权后仍享有票据权利。因此，票据资产仍在发起人资产负债表内，没有进行破产隔离，一旦发起人破产，票据收益权对应的票据将被作为破产财产进行清算。二是发起人转让票据收益权后仍享有票据权利，因此，发起人可以使用票据为自己的其他债务进行质押担保。票据收益权对应的票据被质押也将影响票据收益权的实现。

为解决以上问题，票据收益权模式在基础资产转让中增加了收益权对应票据质押的流程。将收益权对应票据质押给专项计划后可以将票据进行破产隔离，同时可以防止发起人将票据向其他债权人质押。但这同时带来了一个新的问题：发起人通过票据质押为票据收益权提供担保。在这种情况下，增信措施（票据质押）产生的现金流与基础资产（票据收益权）产生的现金流完全重合，而且专项计划只能先行使增信措施，基础资产票据收益权被票据质权架空。在票据收益权模式中，票据收益权只是一种表象，实质资产为票据质权。

因此，把票据收益权作为基础资产与将票据作为基础资产，在信用风险度量上并无差别，但也存在理论瑕疵。

票据池服务申请表如何填写?

填写银行票据池服务申请表时须注明编号，并填写申请类型（开办、变更、终止），业务申请单位，申请单位全称，统一社会信用代码，申请单位类型（主办单位、成员单位），签约账户账号，签约账户开户行，申请功能（主办单位、协办单位、成员单位），集团票据池（票据池质押池融资、票据托管和托收、票据代理查询、票据贴现、电票自动入池、电子商票质押入池、先质押入池后移票、网银发起的短期贷款、直通车、其他），成员单位声明（申请单位为成员单位时签章）等内容。

票据池服务申请表的大概内容如下。

（1）本企业知悉并完全理解和同意主办单位与 ×× 银行签订的编号为 ××× 的《×× 银行票据池服务协议》（以下简称“主协议”）及主协议项下全部附属协议的内容，自愿作为主办单位的成员单位加入上述主协议和附属协议并受其约束。同时，本企业自愿对后续 ×× 银行与主办单位经协商一致对主协议或附属协议进行的修改、补充或者终止予以同意并认可，并承诺无条件遵守和履行主协议和附属协议及对其进行的任何有效修改和补充。

（2）本企业作为成员单位授权主办单位代理本企业在 ×× 银行办理

票据池服务，同意主办单位做出的任何声明均适用于本单位，主办单位在《×× 银行票据池服务协议》（含附属协议）和《×× 银行票据池服务申请表》等票据池相关法律文件上的签章与本企业签章具有同等法律效力。

（3）本申请表构成主协议及附属协议不可分割的组成部分。除另有说明外，本申请表的用语具有与主协议及附属协议相同的含义。本申请表未约定事宜均适用主协议及附属协议的约定。

（4）本企业承诺本申请表所记载的事项及向主办单位的授权均已经过本单位有权机构的审批同意，不存在任何违反本单位章程和管理规定的瑕疵。

（5）本企业与主办单位如有争议，由本企业自行解决并承担一切责任，若因此给 ×× 银行造成损失，由本企业负责全额赔偿。

（6）本申请表自本企业签署之日起生效。

（7）若本企业签署了新的申请表，且该新申请表已经主办单位和 ×× 银行确认同意，则本申请表自动失效。

（8）本企业申请停办票据池服务，且该申请已被主办单位和 ×× 银行确认同意后，本企业不再作为主协议的当事人，但终止前所办理的业务仍应按主协议及附属协议的约定继续履行至结清相关交易。

申请表尾部内容一般为成员单位的公章及财务印鉴用印，法定代表人或授权代理人的签章及本申请的签署日期。

票据池主办企业声明如何填写?

主办企业声明如下。

（1）本企业已全面、准确理解票据池业务申请表所指的“票据池”是 ×× 银行依托 ××× 平台、集团票据池及相关产品与服务，向企业提供的集账户管理、支付结算、资金融通、金融资产管理、流动性管理、风险管理、征信管理、供应链金融等于一体的金融、科技综合解决方案。

（2）本企业认可并同意 ×× 公司作为成员单位加入编号为 ××× 的《×× 银行票据池服务协议》及附属协议。

（3）本企业接受成员单位委托，作为主办企业在 ×× 银行办理本集团的票据池服务，并与 ×× 银行签订相关法律文本及其附件。

（4）本企业保证成员单位已获得有权机构对开办票据池服务的各类授权，本企业与成员单位如有争议，由本企业自行解决并承担一切责任，若因此给 ×× 银行造成损失，由本企业负责全额赔偿。

（5）本企业及成员单位托管票据到期后 ×× 银行提供票据托收服务，无须本企业另行向 ×× 银行提供委托收款凭证。

（6）本企业知悉并同意本企业及成员单位通过 ×× 银行网银系统申办票据池下融资业务时，使用 ×× 银行颁发的网银印章证书进行电子签名。电子签名与本单位公章具有同等法律效力。

企业如何向银行申请票据池业务相关功能？

××银行处理意见要明确表示同意或不同意。

（1）申请开办票据池服务的，请在申请的功能前画“√”；申请变更票据池服务功能的，请在需保留的功能前画“√”；申请终止票据池服务的，不需要在申请的功能前画“√”。

（2）票据托管和托收功能在票据池开办时开通，票据贴现、电票自动入池、票据代理查询、电子商票质押入池等功能根据申请单位申请，经××银行审批后开通。

（3）申请开通集团票据池功能时，必须开通票据池质押池融资功能。

（4）申请开通票据池质押池融资功能的，各成员单位需另行根据其章程规定提供董事会、股东会或股东大会同意为集团主办单位及其他成员单位的质押池融资业务提供担保的决议。

（5）申请开通电票自动入池、电子商票质押入池功能的，必须在××银行开通电子商业汇票功能。

（6）先质押入池后移票、网银发起的短期贷款、直通车等功能需要开通时，需与××银行另行签订协议文本。

票据池业务合作协议签约重要提示有哪些?

签约重要提示如下。

为了维护贵公司的权益，请贵公司在签署本合同之前仔细阅读，检查并确认以下事宜。

（1）贵公司有权签署本合同，依法需要取得他人同意的，贵公司已经取得充分授权。

（2）贵公司已经认真阅读并充分理解合同条款，并特别注意了其中有关责任承担、免除或限制银行责任的内容。

（3）贵公司已经充分理解合同条款的含义及相应的法律后果，并愿意接受这些条款约定。

（4）银行提供的合同文本仅为示范文本，合同相关条款后留有空白行，并在合同中增设了其他约定，供各方对合同进行修改、增补或删减使用。

（5）如果贵公司对本合同还有疑问，请及时向银行咨询。

如何建立质押票据池?

企业每次向票据池合作银行申请质押票据入池时，如为实物票据，则企业需向银行提交《票据池质押申请表》及经企业背书签章的实物票据，银行审核同意后，在《票据池质押申请表》上对票据质押进行确认并暂管实物票据，视为实物票据质押入池；如为电子票据，企业需通过网银向合作银行提交票据质押业务申请，合作银行审核同意后通过系统进行质押票据签收，视为电子票据质押入池。

（1）企业同意。质押票据实行分别提交、集中使用的额度化管理模式，企业合法持有的票据分别质押入池后，所有交付给票据池合作银行的质押票据共同构成质押票据池。质押票据入池后，相关信息通过手工、系统自动提取等方式导入银行商业汇票综合处理系统，由合作银行按预设的质押率、可融资金额、票据池质押额度等指标通过系统对质押票据池进行动态管理。

（2）企业确认。质物信息以合作银行系统所记录的信息为准。企业认可合作银行系统所记录的质物信息的真实、准确、合法、完整性，合作银行系统数据构成有效证明双方票据质押法律关系的确定证据。企业不因上述系统数据由银行单方制作或保留而提出任何异议。

质押票据首次入池前，合作银行与企业应签订《最高额质押合同》，约定票据池质押担保最高本金限额、担保范围、质权实现等与担保相关的权利、义务。合作银行系统所记录的质物信息属于合作银行与企业签订的《最高额质押合同》的组成部分。企业以质押票据池中的质押票据向合作银行提供最高额质押担保，并按《最高额质押合同》约定承担质押担保责任。

质押票据池中的质物可能因票据新增、解押与置换、到期等原因发生变化，新增、解押、置换后的票据仍为质押票据池中的质物。合作银行与企业同意系统所记录的质物信息随质物的新增、解押、置换、到期等变化实时更新，双方不再另行签订质押合同，双方仍按《最高额质押合同》履行相应权利义务。

双方应指定专门的联系人负责办理实物质押票据的移交。双方变更联系人时，需要另行以书面形式确认。

对于在质押入池前已由合作银行托管的票据，企业申请质押入池的，需向甲方提交《票据池质押申请表》。票据池合作银行审核同意后，在《票据池质押申请表》上对票据质押进行确认，视为质押票据交付合作银行，票据质押入池。

什么是票据池质押授信?

票据池合作银行根据质押票据票面金额、质押率核定票据池质押额度，给予企业授信，企业可按协议约定在票据池质押额度范围内向票据池合作银行申请办理融资业务。

票据池合作银行有权根据自身管理、风险控制的需要，对给予企业的票据池质押授信设定最高限额，如票据池合作银行设定该授信最高限额，则企业可向票据池合作银行申请办理融资本金余额，除需在票据池质押额度内，还不得超过该授信最高限额。授信最高限额折合人民币大写。

具体业务中企业使用人民币以外其他币种的，按融资实际发放之日票据池合作银行公布的外汇牌价折合成人民币计算所占用额度。

什么是票据池授信有效期?

票据池授信有效期一般表示为从某年某月某日起至某年某月某日止。在有效期内，经票据池合作银行同意，企业可以在票据池合作银行办理融资业务。融资业务的到期日可以在有效期之后，但业务起始日应在有效期内。过了有效期后，企业不得再向票据池合作银行申请办理融资业务。企业如果在有效期内履行完某项融资业务下对票据池合作银行的清偿责任，则该项业务占用的额度在有效期内自动恢复。

票据池授信的使用方式有哪些?

票据池质押额度可用于办理开立票据、流资贷款、循环短期贷款类型的业务。具体业务办理方式及内容以双方另行签订的分合同为准。

票据池合作银行有权将企业在任意时点所办理的票据池质押融资余额控制在票据池合作银行确定的可融资金额范围内。

如何调整票据池质押授信？

企业在申请办理相关融资时，应当先获得票据池融资额度，之后方可申请融资。融资额度可以通过办理票据质押手续或向监管保证金账户存入资金等方式获得，合作银行按照认可的质押票据金额与监管保证金账户余额之和，动态核定票据池质押额度、融资额度。以上额度动态调整，由企业共享，可循环使用。合作银行有权根据企业的信用状况动态调整票据池质押额度、融资额度。

什么是票据池质押保证金？

企业在票据池合作银行开立票据池质押保证金账户，用于接收质押票据兑现款项。如票据池中某一质押票据到期日早于企业债务到期日，合作银行有权兑现该质押票据，所得款项作为票据池质押保证金直接存入该保证金账户，保证金账户内的全部资金作为企业票据池质押授信项下所有分合同的担保。保证金账户信息及双方权利义务关系由票据池合作银行和企业双方签订的《保证金协议》另行约定。企业授权银行随时扣划票据池质押保证金账户内资金代企业偿还到期或提前到期的主债务（不可撤销）。除双方另有约定外，全部主债务清偿之前企业不得就保证金办理转账、支付结算或采取其他任何措施影响合作银行对保证金的占有和处分。

当企业质押给合作银行的未到期票据票面金额乘以质押率后所得净额与质押保证金账户余额之和大于融资余额时，大于的部分视为超额保证金，如双方同意，可采用以下两种方式之一处置该部分超额保证金：

一是由企业逐次向合作银行出具《票据池保证金提用申请表》，合作银行审核同意后将该部分资金转出保证金账户。

二是由企业自行通过网银或银企直连渠道将该部分资金转出保证金账户。企业明确知悉，在此种方式下企业可自行转出的仅限超额保证金部分，对于其他资金划转申请合作银行或银行的系统有权拒绝。合作银行有权根据自身的管理要求随时取消企业自行划转超额保证金的权限。

如因基准利率、汇率发生变化直接或间接影响票据、保证金的担保能力，或出现合作银行认为可能影响合作银行债权安全的其他情况，企业应按合作银行要求追加票据质押、保证金或落实合作银行认可的其他担保措施。

质物信息、质押率、授信余额等业务信息以合作银行保存的业务记录、系统数据为准。

什么是票据池质押票据的新增、解押与置换？

票据池质押票据新增是指企业自愿或按票据池合作银行要求新增质押票据入池。

如合作银行和企业双方同意，当企业质押给银行的未到期票据票面金额乘以质押率后所得净额与质押保证金账户余额之和超出未清偿授信余额时，对于与超出部分等额的质押票据，企业可按如下流程申请解除票据质押。

一是企业向合作银行申请解除部分票据质押的，如果涉及实物票据，企业需向合作银行提交《票据池解除票据质押申请表》；如果涉及电子票据，企业需通过网银系统向合作银行提交解除票据质押申请。

二是对于企业申请，合作银行审核同意的，如涉及实物票据，合作银行在企业提交的《票据池解除票据质押申请表》上，对解除票据质押进行确认，企业联系人应及时联系合作银行取回票据；如涉及电子票据，合作银行通过系统向企业发出解除票据质押业务申请，企业应及时完成系统签收。

三是质押票据解押后，相关信息通过手工、系统自动提取等方式导入合作银行商业汇票综合处理系统，企业认可合作银行系统数据、业务记录的真实、准确、合法、完整。质物信息、质押率、授信余额等要素以银行保存的业务记录、系统数据为准。

四是企业可申请以新质押入池的票据置换票据池中已质押的票据，新质押的票据按票据池协议约定入池后，企业按约定申请解除票据质押。

如质押票据到期遭到拒付、存在伪造或变造、出质人质物权属存在瑕疵或存在其他影响甲方质权、债权权益等情形的，企业应按合作银行要求追加票据质押、保证金或落实合作银行认可的其他担保措施。

票据托管申请表如何填写?

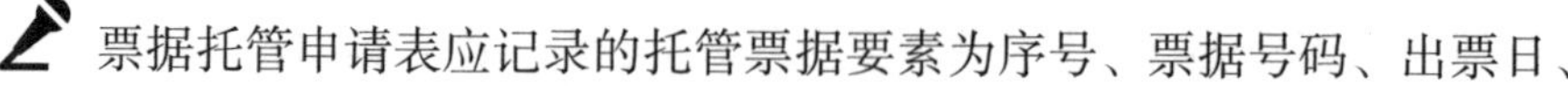
票据托管申请表应记录的托管票据要素为序号、票据号码、出票日、

到期日、票面金额、出票人、承兑人或行、票据状态记录。

企业方承诺：根据编号为 ×× 的《票据池业务合作协议》，将以上票据委托贵行托管，并不可撤销地委托贵行办理票据到期日收款。我公司保证上述票据的贸易背景真实、票据权利无瑕疵、票据真实。

银行方：我行同意为贵公司托管以上票据，票据未经查复前我行不对票据真实性负责。本申请表作为编号为 ×× 的《票据池业务合作协议》的附件。

双方需在本表上加盖公章，并由经办人签字确认。

票据池质押申请表如何填写？

票据池质押申请表应记录的托管票据要素为序号、票据号码、出票日、到期日、票面金额、出票人、承兑人或行、票据状态记录。

公司方承诺：根据编号为 ×× 的《票据池业务合作协议》，我公司提交以上汇票，自愿将票据权利质押给贵行，并按编号为 ×× 的《最高额质押合同》承担质押担保责任。我公司保证上述票据的贸易背景真实、票据权利无瑕疵、票据真实。

银行方：我行同意贵公司质押以上票据。本申请表作为编号为 ×× 的《票据池业务合作协议》的附件。

双方需在本表上加盖公章，并由经办人签字确认。

票据池票据托管撤销申请表如何填写?

票据池票据托管撤销申请表包含序号、票据号码、出票日、到期日、票面金额、出票人、承兑人或行、票据状态记录。

企业方：根据编号为 ××× 的《票据池业务合作协议》，我公司申请以上汇票撤销托管。

银行方：×××× 年 × 月 × 日我行同意撤销贵公司以上票据托管。自我行确认本申请书之日起，我行将不再按编号为 ××× 的《票据池业务合作协议》履行票据托管责任，本申请书作为编号为 ××× 的《票据池业务合作协议》的附件。

票据池解除票据质押申请表如何填写?

票据池解除票据质押申请表包含序号、票据号码、出票日、到期日、票面金额、出票人、承兑人或行、票据状态记录。

企业方：根据编号为 ××× 的《票据池业务合作协议》，我公司申请以上汇票解除质押。本申请书为该协议的附件。

银行方：×××× 年 × 月 × 日我行同意解除贵公司以上票据质押。自我行确认本申请书之日起，我行不再对上述票据承担保管责任。

票据池保证金提用申请表如何填写?

票据池保证金提用申请表的格式各银行基本相同。

根据编号为 ××× 的《票据池业务合作协议》,特申请票据池项下保证金提用,具体需求如表 6-1 所示。

表 6-1 票据池保证金提用申请表

转出账户信息	保证金户名	
	保证金账号	
	开户行	
	转出金额	
转入账户信息	户名	
	账号	
	开户行	

在线融资系统使用协议的签订原则是什么?

×× 银行在线融资系统使用协议适用于网银渠道电票在线承兑及贴现业务,一定要认真查看签约重要提示。

为规范和明确协议各方的权利义务关系,根据《中华人民共和国合同法》《中华人民共和国电子签名法》等法律规定，协议各方本着平等互利、诚实守信的原则，就协议各方使用 ×× 银行在线融资系统等相关事宜达成该协议。

票据池合作银行权利义务中最重要的事项是什么？

票据池合作银行收到企业融资申请指令当日 24 时前，如票据池合作银行未在中国人民银行电子商业汇票系统（ECDS）中完成融资申请指令对应的全部电子商业汇票的承兑贴现签收，则融资申请指令对应的承兑贴现合同自动解除，票据池合作银行有权退回、终止该融资申请指令。如企业仍需就相同电子商业汇票向票据池合作银行申请融资，须另行向票据池合作银行重新提交融资申请指令。

票据池企业权利义务中最重要的事项是什么？

票据池企业应按照有关规范设置具体操作人员的岗位和权限，妥善保管其 USB-Key 证书和登录密码等，如发生证书和密码的遗失、泄露、被盗等情况的，须立即办理挂失手续并向合作银行提出注销证书或恢复申请，领取新的 USB-Key 证书。因证书失控和密码泄露造成的损失，由企业自行承担；对其他方造成的损失，还需承担赔偿责任。

凭借企业自身的USB-Key证书和登录密码，通过合作银行平台发起和处理的任何交易行为所引起的任何法律责任和权利义务，均由企业自行承担。

使用企业用户名、登录密码和USB-Key证书进行的操作，均视为企业自身的操作，由此产生的电子信息记录均作为企业享受权利、承担义务的有效证据；合作银行基于该信赖而进行的任何法律行为对合作银行造成的损失，均由企业予以承担；企业承诺不以其内部用户不具有发起和处理相关交易行为的权限为由拒绝承担法律责任。

企业在使用合作银行平台的过程中不得发送与业务无关或具有破坏性的信息，否则由此造成的风险、损失及法律责任由自己承担。

除票据池合作协议约定外，企业应同时遵守合作银行在电子渠道，如网上银行、网站、其他公众平台上发布及更新的关于合作银行平台的相关规则，包括但不限于公告、说明、提示、操作规则、使用手册、操作流程等，企业应正确操作和规范使用该银行平台，由于误操作产生的损失，由企业自行承担。

企业不得利用合作银行平台从事违法、违规活动，保证所发送的电子指令是合法、有效的。

企业不得向任何第三方泄露与合作银行平台相关的任何系统技术信息、系统操作信息、制度文件及其他电子或纸质文件资料。

企业对通过合作银行平台了解和获取的任何相关信息，均应承担必需的、谨慎的保密义务；除非获得合法授权，否则企业不得将相关信息透露给任何第三方。

企业应确保其通过合作银行平台所提供的资料是最新的，且真实、有效及完整，如发生变更需及时通知合作银行并按合作银行要求更新。

企业承诺其所从事的交易不属于法律所禁止的交易，不存在违反我国有关机关、联合国等，以及 OFAC（美国财政部海外资产控制办公室）等他国监管机构关于反洗钱、反恐融资和经济制裁等相关规定的情形，交易相关各方均不属于联合国、欧盟或美国制裁名单内的企业或个人。

票据池保证金协议的主要内容是什么？

根据银行与企业签署的编号为 ××× 的《票据池业务合作协议》和编号为 ×××× 的《最高额质押合同》(以下简称“质押合同”)，企业须在银行开立票据池质押保证金账户（以下简称“保证金账户”），专项用于接收质押合同项下质押票据的兑现款。为确保债务人（企业）全面、及时地履行主合同项下的各项义务，保障债权人（票据池合作银行）债权的实现，企业自愿以保证金账户内的全部资金向合作银行提供担保。为明确责任、恪守信用，根据国家有关法律法规，经双方友好协商，签订本协议，以兹共同遵守。

企业应在合作银行指定的机构开立票据池质押保证金账户，专项用于接收质押合同项下质押票据的兑现款项。

保证金账户内的保证金为活期保证金，保证金存管至全部主合同项下债务清偿完毕为止。

保证金存管期间，保证金按同期中国人民银行活期存款利率计息，按季度结息，结息日为每季度末月 20 日。

质权人与债务人发生的债权是什么？

质权人与债务人发生的债权包括质权人与债务人因本外币借款、拆借、贸易融资（信用证开证、信托收据、打包贷款、出口押汇、出口托收押汇和进口押汇）、承兑、贴现、票据回购、担保等融资业务而形成的债权（含本金、利息、罚息、复利、违约金、损害赔偿金、质权人实现债权的费用等）。

什么是票据池质押额度有效期？

票据池质押额度有效期是为了明确票据池合同质押担保的债权范围而由立约双方明确约定的一个不中断的连续期间。在有效期内发生的债权，不论债务人单笔债务的履行期限是否超过有效期，出质人承诺以票据池合同项下的质押物对质押最高本金限额项下的所有债权承担担保责任。

什么是票据池本金?

票据池本金指债务人办理业务时所产生的债务本金，包括但不限于债务人应偿还的本外币借款本金、贸易融资本金、银行承兑汇票票款、票据贴现款项、信用证项下发生的垫款、质权人为债务人担保而承担担保责任的债务本金部分等。

什么是票据池质押最高本金限额?

票据池质押最高本金限额是指为了明确票据池合同被质押担保的债权范围而由立约双方明确约定的最高本金额度。在该本金限额范围内，出质人对该本金限额项下的所有债权余额（包括但不限于本金、利息、罚息、复利、违约金、损害赔偿金、质权人实现债权的费用等）承担担保责任。

票据池质权人实现债权的费用有哪些?

票据池质权人实现债权的费用是指质权人采取诉讼、仲裁、向公证机关申请出具执行证书等方式实现债权时支付的诉讼（仲裁）费、律师费、差旅费、执行费、保全费及其他实现债权的必要费用。

质权人对债务人的债权实行余额控制。该余额是指质押额度有效期内，债务人对质权人的债务余额之和，包括未到期余额和已到期未清偿余额两部分。

未到期余额是指债务履行期限尚未届满所形成的各项待清偿债务余额。

已到期未清偿余额是指债务履行期限届满，债务人和出质人仍未履行清偿义务的各项债务余额。

票据池的票据指什么?

票据池的票据是指出票人签发的，委托付款人在见票时或者在指定日期无条件支付确定的金额给收款人或者持票人的商业汇票。根据制作形式与介质的不同，商业汇票包括纸质商业汇票和电子商业汇票两种形态。电子商业汇票是出票人以数据电文形式制作的，委托付款人在指定日期无条件支付确定的金额给收款人或者持票人的票据。

如何交付质押票据?

对于纸质票据来说，除票据池协议另有约定外，交付质押票据指出质人在其合法持有的票据上进行质押背书后将实物票据交付质权人占管的行为。对于电子票据来说，交付质押票据指出质人作为合法持票人通过网银等电子渠道发送电子票据质押业务申请，由质权人通过中国人民银行的电子商业汇票系统（ECDS）或未来经中国人民银行批准承接其功能的系统完成质押签收的行为。

质物如何占有和保管?

为妥善履行票据池合同及完善质押担保手续，出质人应将票据池合同项下所质押的票据交付质权人占有和保管。对于实物票据来说，出质人还应按质权人要求进行质押背书，在票据背书人栏处签章并记载“质押”字样。对于电子票据来说，出质人还应按质权人的要求，通过网银等电子渠道就质押票据发起质押业务申请，确保质权人通过中国人民银行的电子商业汇票系统（ECDS）或未来经中国人民银行批准承接其功能的系统完成质押签收。质权人有权收取质物所生孳息和管理费。

补充条款的重要内容有哪些?

补充条款的重要内容一般包括出质人配偶特别承诺：“本人为出质人

配偶，同意出质人签署及履行票据池质押合同，已特别注意合同加黑条款及有关权利义务限制或免除条款，并对合同条款全面、准确理解，同意按票据池合同约定以共同财产为主合同项下债务提供质押担保。”

须出质人配偶签字，列明证件类型及证件号码，注明年、月、日，加盖登记部门的公章、负责人签章。

票据池所指的债权是什么？

债权或称主债权，是指借款人（债务人）向贷款人（债权人）提出贷款申请，经审核同意后，根据票据池合同向借款人提供的融资所形成的债权（含本金、利息、罚息、复利、违约金、损害赔偿金、债权人实现债权的费用等）。贷款人在票据池合同项下所拥有的针对借款人的债权和借款人在票据池合同项下对贷款人的债务内容对应一致。

债权人实现债权的费用有哪些？

债权人实现债权的费用是指贷款人采取诉讼、仲裁、向公证机构申请出具执行证书等方式实现债权时支付的诉讼费、仲裁费、律师费、差旅费、执行费、保全费及其他实现债权的必要费用。

什么是重大交易?

票据池业务合同中的重大交易是指包括但不限于任何确定要发生或潜在的将严重影响借款人公司基本架构、公司股东变更、公司或有负债、现金流量、盈利能力、公司核心商业秘密、公司核心竞争力、公司重要资产、公司重大债权债务、偿还债务能力、履行本合同能力的交易，或者贷款人或借款人认为构成重大交易的其他交易。

什么是重大事件?

票据池业务合同中约定的重大事件是指包括但不限于任何确定的或潜在的将严重影响借款人公司高级管理人员履行职务的能力、从事公司核心业务员工的雇佣和解约、公司核心商业秘密、公司核心竞争力、公司基本架构、公司股东变更、公司或有负债、公司存续、公司从事业务的合法性、公司稳定性、公司发展、公司盈利能力、公司偿还债务能力、公司履行本合同能力的事件，以及贷款人或借款人认为构成重大事件的其他事件。

什么是贷款合同中的工作日？

票据池合同中的工作日均指票据池合作银行的营业日，合同履行过程中，若某个提款 / 还款日为非营业日，则顺延至下一个营业日。

什么是贷款的受托支付？

贷款人有权采用贷款的受托支付或借款的自主支付的方式对票据池业务项下的流动借款资金的支付进行管理与控制。

贷款的受托支付是指借款人授权贷款人将借款资金支付给符合票据池合同约定用途的借款人交易对手。

采用贷款的受托支付方式的，在借款资金发放前，借款人应提供符合票据池合同约定用途的相关交易资料，经贷款人审核同意后，将借款资金通过借款人账户及时支付给借款人交易对手。

采用贷款的受托支付方式的，在借款资金支付给借款人交易对手后，如果由于基础贸易合同被撤销、解除、无效等原因，导致借款资金退回的，贷款人对于该退回的资金有权根据票据池合同约定提前收贷。

什么是贷款自主支付?

借款的自主支付是指贷款人将借款资金发放至借款人账户后，由借款人自主支付给符合票据池合同约定用途的借款人交易对手。

采用借款的自主支付方式的，借款人应定期向贷款人汇总报告借款资金支付情况，贷款人有权通过账户分析、凭证查验、现场调查等方式核查借款支付是否符合约定用途。

什么是贷款市场报价利率?

贷款市场报价利率（Loan Prime Rate，LPR）是基于各报价行按公开市场操作利率（主要指中期借贷便利利率）加点形成的方式报价，计算并发布的银行贷款定价参考利率。1Y LPR 指于利率重定日北京时间上午 9:30 在路透“CNYLPR1Y=”页面显示的，由全国银行间同业拆借中心公布的人民币 1 年期贷款市场报价利率。如果该重定日未公布贷款市场报价利率，则调整至前一个最近营业日公布的贷款市场报价利率。如果浮动利率于计息期内任何利率重定日为节假日，则适用该利率重定日前一营业日的浮动利率。以上部分内容可根据不同期限进行修改。

什么是信息后备机制?

如果浮动利率于计息期内任何利率重定日变得永久不可获得，则浮动利率为票据池银行方将在当时或在稍后尽可能短的时间内，从相关银行间市场的四家主要交易商（由票据池合作银行秉持公平公开的原则做出选择）处获取的利率报价。如果票据池合作银行方在该日结束营业之前收到四个该等利率报价，则适用的利率应为所获取报价的算术平均值（去掉最高及最低报价进行计算）。如果票据池合作银行方在上述时间内收到两个或三个报价，则适用的利率应为该等报价的算术平均值。如果票据池合作银行方在上述时间内只获取一个报价或没有获取任何报价，则由票据池合作银行方秉持商业合理性以及公平公开的原则确定利率。

什么是利率重定日?

利率重定日是如遇中华人民共和国国家法定节假日，调整到前一个工作日。

什么是支付日调整?

支付日调整是经调整的下一个工作日。

被冒名签发了商业汇票怎么办?

甲企业未经乙企业同意而以乙企业的名义签发了一张商业汇票，汇票上记载的付款人为丙银行。丁企业取得该汇票后将其背书转让给戊企业。如果你的公司是乙企业，该怎么办?

《中华人民共和国票据法》第五条第二款规定:“没有代理权而以代理人名义在票据上签章的，应当由签章人承担票据责任;代理人超越代理权限的，应当就其超越权限的部分承担票据责任。”甲企业未经乙企业同意而以乙企业的名义签发了一张商业汇票，乙企业可以无权代理为由拒绝承担该汇票上的责任。

《中华人民共和国票据法》第十四条第二款规定:“票据上有伪造、变造的签章的，不影响票据上其他真实签章的效力”。该票据是由甲企业伪造的，但是不影响其他真实签章的效力。

《中华人民共和国票据法》第四十一条第一款规定:“付款人对向其提示承兑的汇票，应当自收到提示承兑的汇票之日起三日内承兑或者拒绝承兑。”第四十四条规定:“付款人承兑汇票后，应当承担到期付款的责任。”

丙银行作为付款人，有权承兑或者拒绝承兑，而一旦承兑，则必须承担票据责任，履行付款义务。票据行为具有无因性，如果丙银行已经承兑，则无权以该汇票是无权代理为由拒绝付款。丁企业的签章真实有效，丁企业不得以甲企业的无权代理为由拒绝对戊企业承担票据责任。

票据时效制度是什么?

所谓票据时效，是指持票人如果在一定期间内不行使票据权利，该权利即归于消灭。

第一，要明白票据时效的三种情况，根据《中华人民共和国票据法》第十七条规定，票据权利在下列期限内不行使而消灭：一是持票人对出票人和承兑人的权利，自票据到期日起 2 年，见票即付的汇票、本票，自出票日起 2 年；二是持票人对支票出票人的权利，自出票日起 6 个月；三是持票人对前手的追索权，自被拒绝承兑或者被拒绝付款之日起 6 个月，四是持票人对前手的再追索权，自清偿日或者被提起诉讼之日起 3 个月。票据的出票日，到期日由票据当事人依法确定。据此，持票人应当在上述期限内积极行使付款请求权和追索权，怠于行使的，随着时效已过，丧失相应的权利。

第二，持票人行使追索权除具备被拒付的实质要件外，还须具备形式要件，即应当及时取得并出示相关拒付证明文件。《中华人民共和国票据法》第六十二条规定，持票人行使追索权时，应当提供被拒绝承兑或者被拒绝付款的有关证明。第六十五条进一步规定，持票人不能出示拒绝证明、退票理由书或者未按照规定期限提供其他合法证明的，丧失对其前手的追索权。因此，持票人行使追索权除需具备实质要件即付款请求权得不到实现外，还需要具备形式要件即提供被拒绝付款的证明。在承兑人或其接入行未按照《电子商业汇票业务管理办法》第六十条规定进行相应应答的情况下，持票人应当及时与承兑人或承兑人接入行取得联系，获取拒付证明或向公证机关申请出具公证证明。

举个例子，如郑州某公司持有一张票面金额为1000万元的电子商业承兑汇票，到期日为2019年5月11日，出票人和承兑人皆为邯郸某公司。郑州某公司在2019年5月12日依法发起提示付款，邯郸某公司未予应答。2021年2月，邯郸某法院裁定受理了案外人提出的对邯郸某公司的破产清算申请。2021年4月，郑州某公司向邯郸某公司寄送律师函，要求按照规定出具拒付证明并代理签章，后又向前手发送了追索通知书进行追索。2021年5月，郑州某公司起诉要求邯郸某公司及前手支付商票票面金额及相应利息。法院认为，郑州某公司在邯郸某公司未依法做出应答之时，应当也应该认识到被拒付的事实，追索权时效从拒付之日（即应答期限末日）2019年5月17日起算。郑州某公司应当及时要求承兑人出具拒付证明并及时行使追索权，但郑州某公司在此后6个月内未通过合理手段主张权利，其怠于行使权利，丧失对其前手的追索权，判决驳回了郑州某公司的诉讼请求。

第七章

其他问题

票据池的可扩展的内容有哪些?

一、服务对象的扩展

票据池业务的服务对象除企业客户外，还可以是同行业的金融机构，为其提供为中小金融机构提供票据代保管、托收、信息登记等存管服务。

二、服务内容的扩展

除现有的票据池基本业务与增值业务外，票据专营机构还可发挥专营服务优势，提供票据代理交易、票据鉴定与质量分类、票据传递、票据见证等精细化、个性化的票据池特色服务。

三、入池票据的扩展

目前，多数商业银行对入池的银行承兑汇票可提供基本票据管理服务与增值授信服务。其中，增值授信服务主要限于以低风险银行承兑汇票作为质押品进行担保；不接受商业承兑汇票入池，或入池后仅提供基本的票据管理服务。本书认为，商业银行及其票据专营机构可根据客户性质与信用情况，在多年积累的票据存管服务、票据鉴定、质量分类等工作经验的基础上，通过与商业银行总行或一级机构的授信业务部门合作，在票据池业务框架内，提供非低风险银行承兑汇票、商业承兑汇票和供应链票据的买入返售业务，以及非低风险票据鉴定、质量分类后的价值评估业务与质押担保服务。

四、企业集合票据池

票据池业务除了满足大型集团企业、财务公司的大体量票据托管与融资需求，还可将几家中小微企业持有的银行承兑汇票集合起来形成企业集合票据池，为中小微企业提供票据融资金融服务。商业银行可将企业集合票据池中的票据作为质押，形成可用授信额度，该额度可供集合池中的中小微企业共享使用。例如，A 企业将票据入池存管后，暂无融资需求，而 B 企业现有池中的票据无法为自身申请开具银行承兑汇票提供足额的担保，这时可根据企业集合票据池合作协议的有关约定，将 A 企业票据池与 B 企业票据池合并为一个集合票据池，由 A 企业为 B 企业的承兑申请提供第三方票据质押担保，B 企业根据协议给予 A 企业一定的返利，或当 A 企业有融资需求时，B 企业为 A 企业提供等值的第三方票据质押担保。

企业集合票据池的意义在于：一是可提高中小微企业库存票据空窗期的使用价值，增加收益；二是集几家企业之力，由银行提供融资平台，在约定的若干家企业范围内发挥信用互助功能，发挥缓解中小微企业融资难问题的作用。拓展概念下票据池业务的完整定义融入上述票据池业务的扩展服务内容后，商业银行及其票据专营机构开办的票据池业务可定义为：企业、集团或各类金融机构将其持有的尚未到期的商业汇票交予商业银行进行专业化管理，或作为押品形成本机构、成员单位或协议单位共享的担保额度，用于本机构、成员单位或协议单位申请承兑新的银行承兑汇票办理商业汇票贴现、转贴现或其他资产业务。

按照服务内容分类，票据池业务可分为票据池存管业务和票据池融资业务。票据池存管业务主要是对入池票据业务进行集中管理、信息登记、真伪审验、质量鉴定、查询、传递、代理交易、代保管和托收等一揽子票据中间业务服务项目；票据池融资业务则是对入池票据办理贴现转贴现、买入返售等资产业务或以入池票据为质押担保，形成可用授信额度，为中小微企业或集团客户办理银行承兑汇票承兑、商业承兑汇票贴现业务，为金融机构客户办理票据转贴现、买入返售或其他占用金融机构客户授信额度的资产业务。

按照服务对象分类，票据池业务可分为企业票据池业务、企业集合票据池业务、银行票据池业务。企业票据池业务的特点是一家企业的票据构成对应的一个票据池，企业与票据池是一对一的关系；企业集合票据池业务的特点是将两家以上中小微企业的票据集合起来，构成一个票据池开展业务，企业与票据池是多对一的关系。

票据池在大型集团企业内的推行是否顺畅?

顺畅。票据入池质押后大部分票据由成员单位按照资金预算自由使用。部分富余票据池额度由集团统一调剂使用，被调剂额度的成员单位应获得奖励，受让额度的成员单位获得用票的便利。

票据池业务对销售回款质量有何影响?

实践证明，票据池业务能帮助成员单位高质量地收取票据，并能扩大收取银行承兑汇票的范围，进而促进销售回款质量的提升。

财务公司承兑的票据何时能入池?

国有银行可能会在后续接受财务公司票据入池。部分股份制银行在财务公司有授信额度的情况下，接受财务公司的票据入池。

票据池操作手册的问题是什么?

有财务公司的集团企业依托集团财务公司的电票系统与外部银行合作票据池业务。若以有三家合作银行为例，目前需要四部操作手册，即集团财务公司一部，A 银行一部，B 银行一部，C 银行一部。集团财务公司可与有关公司研究升级操作系统，深度介入合作银行的操作系统，最终形成一个操作系统，配套一部操作手册。

票据入池后，能否给客商付现汇？

可以根据具体成员单位入池质押票据的金额及池内累计解付金额适时提高现汇付款比例，以提高企业与客商的议价能力。

是否将贸易性票据质押入池？

为保障贸易型企业的业务高效运转，不考虑将及时结算型的贸易性票据质押进票据池管理，而是应给予贸易型企业充分的自由，保证业务的时效性。

我国对纸票的限制是怎样的？

我国对纸票的最高开票金额和流转地域进行了限制。根据中国人民银行的有关规定，自 2017 年 1 月 1 日起，单张出票金额在 300 万元以上的商业汇票应全部通过电票办理；自 2018 年 1 月 1 日起，原则上单张出票金额在 100 万元以上的商业汇票应全部通过电票办理。

如何解决票据收取量持续下降的问题?

开展票据池业务后，可根据票据池沉淀资金规模及对运营情况的整体评价，调整销售回款承兑占比。

如何减少收取无效票?

无效票即收取后不能对外支付、不能流转、不能质押入池的票据。根据合作银行票据池可质押名单动态调整集团企业票据白名单，提高收取票据的质量。无效票基本等同于应收账款。

能否只与一家银行合作票据池业务?

不能。不能只与一家银行合作票据池业务，也不能与过多的银行合作票据池业务。因为只与一家银行合作会使集团企业在票据管理中处于弱势地位，而与过多的银行合作会影响集团企业的票据规模优势，降低与银行的谈判能力。

如何确定与银行的合作规模?

参照某集团企业 2018 年度营业收入 3 000 亿元及货款回收率承兑占比 30%，即用于与银行开展票据池业务的质押票据在任意时点余额合计不超过 900 亿元，在开展票据池业务期限内，该额度可滚动使用。

是否需要过渡期与试点单位?

需要过渡期与试点单位。前期以一个城市内的所有成员公司为试点，中期扩大至企业所在省内的所有成员公司，后期全面推广至全国。

省外成员单位的票据能否入池?

可以。目前票据池拟合作银行支持省外成员单位纳入集团企业总票据池进行管理。

资管计划管理人为何受让票据收益权？

主要原因是目前在我国监管政策框架下没有合适的特殊目的载体来受让未贴现票据。金杜律师事务所在其公众号发表的《票据资产证券化的法律问题，看这一篇就够了》中提出将未贴现票据转让给资管计划受到两方面的限制。一是真实交易背景限制。专项计划与原始权益人之间并不存在交易背景或债权债务关系，因此该等票据转让不符合《中华人民共和国票据法》的相关规定。二是存在被认定为乱办金融业务的风险。国务院办公厅于 1998 年 8 月颁布的《整顿乱集资乱批设金融机构和乱办金融业务实施方案》中提到，“凡未经中国人民银行批准，从事或者变相从事非法吸收公众存款、发放贷款、办理结算、票据贴现、资金拆借、信托投资、金融租赁、融资担保、外汇买卖等金融业务活动的行为，均属乱办金融业务”。专项计划受让票据虽然支付了合理的对价，但仍然有被认为未经许可从事非法票据贴现金融业务的风险。

资管计划受让票据的行为应属于票据交易，票据交易属于交易关系。《中华人民共和国票据法》第十条规定，“票据的签发、取得和转让，应当遵循诚实信用的原则，具有真实的交易关系和债权债务关系”。这里的“交易关系”包括票据交易。由此可见，票据交易属于《中华人民共和国票据法》第十条规定的交易关系。资管计划通过票据交易行为受让票据资产不违反《中华人民共和国票据法》的规定。但是，资管计划受让票据的行为可能会被认定为票据贴现，被归为乱办金融。根据中国人民银行相关制度，票据贴现仅能由银行、财务公司办理。因此，目前我国监管政策框架下特殊目的载体受让未贴现票据理论上存在合规性风险。

票据池能否提高票据管理效率?

可以。有财务公司的集团企业通过财务公司升级电票系统，与票据池合作银行深度对接，获取金融机构的票据管理能力，取消财务人员手工登记票据纸质台账，全部升级为系统统计，财务人员打印表单留存纸质档，可大幅度提高票据管理效率，节约工时。

我国首个票据池是什么?

近年来，票据池业务逐渐成为商业银行重点开发和拓展的综合性服务产品之一。2006 年 7 月，民生银行广州分行与美的集团签订《票据管理业务合作主协议》，这是全国首次由企业与银行共同开展的“票据池”业务合作。随后，浦发银行西安分行与中国西电集团有限公司、招商银行成都分行与攀钢集团攀枝花钢钒有限公司等都开展了票据池业务的单独签约仪式。各家商业银行希望借票据池业务提高银行与企业之间依存的紧密度。

如何制定科学的票据池业务推进表?

针对大型企业商业汇票出现的金额错配、期限错配、额度错配等一系列问题，企业的财务总监层面的领导应该协调财务部门、法律部门、审计部门、融资部门、财务公司、财务共享中心等对商业汇票的管理进行深度学习、充分调研、审慎论证，科学组织实施票据池建设，合理设置推进流程，做好时间节点规划，确保票据池建设工作高质量完成。大型集团企业票据池业务实施推进表如表 7–1 所示。

表 7–1　　大型集团企业票据池业务实施推进表

序号	事　项	时间阶段
一	内部调研阶段	2019 年 3 月至 5 月
1	集团企业票据现状摸底	2019 年 3 月至 5 月
2	前期试点单位情况调研	2019 年 4 月至 5 月
二	可行性论证阶段	2019 年 3 月至 8 月
1	金融机构推介票据池业务	2019 年 3 月至 6 月
2	向外部银行发出正式函证	2019 年 5 月至 6 月
3	咨询外部专家	2019 年 5 月至 6 月
4	内部论证阶段	2019 年 6 月至 8 月
（1）	内部讨论	2019 年 6 月至 8 月
（2）	拟选合作银行	2019 年 6 月至 8 月
三	集团企业三会决策阶段	2019 年 8 月至 9 月
四	组织实施阶段	从 2019 年 8 月开始
1	与合作银行签订票据池业务协议	2019 年 8 月
2	与合作银行进行技术对接	2019 年 8 月
3	完善配套管理措施	2019 年 8 月
4	内部人员专业培训	2019 年 9 月至 10 月
5	试点先行阶段（××片区）	2019 年 9 月至 10 月
6	再次论证阶段	2020 年 5 月至 7 月

续表

序号	事　项	时间阶段
8	×× 省全省推行阶段	2021 年 1 月至 2 月
7	全面推行阶段	从 2021 年 9 月开始
五	全面总结	2021 年 12 月

集团企业是否需要进行票据现状摸底?

大型集团企业应组织开展年度资金管理专项检查，组建三个工作组采取全面覆盖和重点抽查的方式，对所有成员单位的资金管理工作进行检查。重点检查公司商业汇票的管理情况，检查是否存在票据管理风险点，票据的流动性是否不足，票据贴现成本是否较高。同时开展票据池调研工作，以交谈的方式探讨票据管理模式。

部分成员单位可能没有将临近到期的票据视为现金进行管理，而是将其用于对外支付，造成严重的资金浪费；可能没有严格执行银行票据管理规定，通过外部银行电票系统签收并坐支电子票据；可能未集中统一运作票据，造成集团企业整体应收应付票据“双高”，银行票据存量资源闲置。具体情况如下。

（1）大部分公司收取白名单之外的票据。

（2）个别公司仍然收取外部企业的商业票据。

（3）部分公司通过外部银行坐支票据。

（4）部分公司有“一票多付”情况。

（5）部分公司的到期票据未及时解付。

（6）部分公司用已到期或即将到期的票据支付货款。

（7）个别公司的票据登记台账缺失重要内容，无法全面了解其票据信息、状态。

可行性论证阶段的内容有哪些？

一、金融机构推介票据池业务

银行相关负责人带队到集团企业介绍票据池业务，如重点介绍票据池的风险预警模块和票据资源内部考核功能；介绍票据池业务优势，以及已有的票据池的成熟案例；介绍“票付通”业务、“贴现通”业务。“贴现通”是指票据经纪机构受贴现申请人委托，在票据交易所（简称“票交所”）系统进行信息登记、询价发布、交易撮合后，由贴现申请人与贴现机构完成票据贴现业务的服务功能。

二、向外部银行发出正式函证

集团企业财务管理部分别对 ×× 家银行发出《票据池需求尽调函》，阐明集团企业需求，提出建立电子票据池进行票据统一管理、票据池融资、融资期限 1 年、利率不高于基准利率、质押票据到期解付次月转出、质押率不低于 90% 等多项需求。收到回函后组织人员认真研读各个银行的回函。

三、内部论证阶段

1. 内部讨论

集中讨论《票据池业务降低财务成本的论证报告》《票据池业务答疑手册》《票据池业务实施推进报告》及票据池业务的可行性，并形成会议纪要。

通过调研和论证形成《票据池业务降低财务成本的论证报告》《票据池业务答疑手册》《票据池业务实施推进报告》《金融机构选择标准》《关于集团企业开展票据池业务的请示》《集团企业商业汇票管理办法》六个草案；集团企业与二级成员单位签署《集团企业本部与成员单位应收应付票据债权债务的全面转让协议》，为集团企业创新型票据池业务提供有效的法律支撑。

2. 拟选合作银行

一是共同讨论合作银行的选择标准；二是依据共同讨论的标准选择出预选银行，发送二次尽调函。

集团企业的“三重一大”决策制度是什么?

“三重一大”决策制度，即重大事项决策、重要干部任免、重大项目投资决策、大额资金使用，必须经集体讨论做出决定的制度（简称“三重一大”决策制度）。

组织实施阶段包括哪些内容?

一、与合作银行签订票据池业务协议

要注意是采用强管控模式的集团票据池模式，还是采用弱管控模式的集团票据池模式。

二、与合作银行进行技术对接

尽量由票据池合作银行免费升级管理系统。

三、完善配套管理措施

针对集团企业的具体情况及业务范围，制定集团企业票据池管理办法，进一步明确集团企业票据池管理的基本原则、管理机构及职责分工、票据池搭建、出入票据管理、票据保管、委托收付、票据贴现、票据抵押、票据融资、内部计价、计划管理、信息管理、监督和考核等总体要求。重点细化票据计划、票据入库、票据保管、票据出库（票据贴现、到期委托收付）等业务操作细则。对票据融资需明确融资方式、票据抵押管理、保证金账户管理（包括保证金支付比例、补充方式）、票据额度管理、质押开票管理、质押贷款管理、内部贴现等内容。

四、内部人员专业培训

实施专业培训，需采取集中培训、自学、外派调研等多种方式，为财务人员普及票据池管理知识，强化其业务操作的能力，提升整体管理水平；夯实专业基础，重视专业管理力量的补充，适应票据精细化管理的需要，加快票据管理专业高级人才的培养，不断提升综合能力；加大票据管理内部培训力度，促进票据管理知识的快速普及，进一步夯实基础管理，奠定高效管理基础。

通过签订票据池合同，制定内控制度、操作流程，搭建结算环境，确定合同规模、期限、成本，进行票据质押，实现融资、池内到期票据解付归集、准入票据转入池内，提取票据变现资金，从而最大限度获取货币资金和降低融资成本。

从集团企业内部而言，商业汇票管理人员配置不足，专业管理能力不强，内部管理压力较大，票据池搭建的前期准备和后期提升尚有大量工作要做，票据池搭建工作需要得到集团领导的大力支持及政策倾斜。

为什么有些公司要从市场上调换银行承兑汇票?

银行承兑汇票未到期，企业如果急需资金，可以去银行贴现。贴现是需要费用的，银行的贴现利率有时不低于贷款利率，所以企业如果贴现，就相当于损失一大笔资金，这就催生了撮合票据交易的公司（也称票据经纪人）。票据经纪人会以低于银行贴现利率的费用标准从这类企业手中归集票据。比如 100 万元的票据，到银行贴现只能得到 95 万元（5 万元手续费），但是由票据经纪人调换可以得到 97 万元（3 万元手续费）。

票据经纪人拿到这些票据后会怎么处理呢？一般来说，票据经纪人是大企业，对于上游客户来说处于强势地位，因此很多票据经纪人可以直接用票据背书支付给上游客户（价值仍然是 100 万元）。当然，如果票据经纪人是普通企业，资金不短缺，也可以持有到期全额取现，赚取差额（前提是差额的收益高于支付的收款金额的利息）。

票据交易撮合公司的信息化系统功能包括：客户线上自助申请，银行智能自动审批，资金秒级到账，免去询价议价、查询征信、业务协办等流程，最大限度地降低票据贴现成本，加快企业沉淀期票据资产的流动性，解决企业融资难等问题。

票据池业务配置如何锁定重点优质客户？

票据池业务的实质是以票据为核心，以企业客户和金融机构客户为触角，由商业银行提供的集票据柜面会计服务、票据质押开票、票据贴现、票据转贴现融资业务和代理交易、代保管等的一揽子综合服务，涉及授信管理、规模管理、利率管理等诸多范畴。而向商业银行申请开办此类业务的，一般是资信条件较好、票据存量较大、关注并积极参与票据市场创新、具有发展潜力的客户。建议商业银行以票据池业务为抓手，锁定一批重点优质客户。商业银行总行机构可赋予票据专营机构和票据经营相对稳定的资金规模，以及专项业务利率浮动权，用于开展票据池业务；可建立票据专营机构与总行授信业务部门的业务合作绿色通道，提高押品价值评估的效率，确保票据池业务稳定、持续与高效发展，从而提高票据池客户的忠诚度与依赖感，便于商业银行延伸发展对票据池客户的其他表内外多项金融业务。

票交所资金账户办理出入金业务需符合哪些条件?

（1）资金账户办理入金业务，需要符合的条件如下。

① 票交所资金账户状态正常。

② 银行类法人系统参与者、非银行类法人系统参与者应当通过开立在银行的同名银行结算账户将资金汇入其票交所资金账户。

③ 非法人产品系统参与者应当通过开立在托管银行的同户名托管账户将资金汇入其票交所资金账户。

（2）资金账户办理出金业务，需要符合的条件如下。

① 账户持有人保证当日票据业务正常结算（资金账户里的钱要保证够当日的业务结算，不准多提）。

② 账户持有人应当在营业日 16:40 前通过交易系统提交出金申请。

票交所还会按季度办理资金账户的结息工作。每季度末月的 20 日为结息日，利息于结息日的下一自然日转入票交所资金账户。

商业承兑汇票是什么?

商业承兑汇票（简称“商票”）是由出票人签发，委托付款人在指定日期无条件支付确定的金额给收款人或者持票人的债权凭证，其本质是一笔企业在票面到期日需要承兑的应收账款。一张标准的商业承兑汇票，票面记载的主要信息如下。

承兑人信息：票据到期时的承兑付款主体、银行账号、开户行等信息。

出票人：票据出票人主体、银行账号、开户行等信息。

收款人：本票据对应的收款人主体、银行账号、开户行等信息。

出票保证信息（非必填）：对出票人进行保证的主体信息。

票据金额：本票据对应的到期应付金额。

能否转让：分为“可转让”和“不可转让”两种。

出票日期：签发本票据的日期。

汇票到期日：本票据的到期日。

票据状态：本票据在流转过程中的状态。

票据号码：共 30 位，本票据的唯一识别码。

商票的市场情况是什么?

票交所有关数据显示，2019 年，全市场累计签发承兑票据 20.38 万亿元，同比增长 11.55%；年末承兑余额 12.73 万亿元，比年初增长 15.27%。其中商业承兑汇票累计签发承兑 3.02 万亿元，同比增长 18.61%；年末余额 1.84 万亿元，比年初增长 21.56%。

2019 年票据签发承兑量在社会融资规模中的占比显著提升。

概括来说，商票具有支付、结算、融资三大功能。与股票、债券等融资工具相比，商票开立流程简单，限制少，中间费用低，流转操作便捷，越来越成为核心企业提升其整体产业链竞争实力的首选金融工具。

商票在核心企业的供应链体系内的流转如图 7–2 所示。

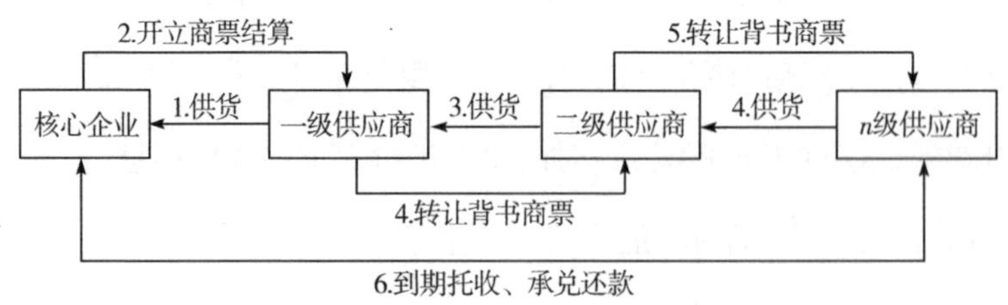

图 7–2　商票在核心企业的供应链体系内的流转

核心企业在接受供应商供货之后，选择了签发一张 1 年期的商票进行结算，并告诉供应商：拿着这张商票，你可以去市场上凭借我的信用去融资变现，如果你不急着用钱，就等这张商票到期，到期我会按票面金额如数兑付给你。

一级供应商收到商票之后，也效仿核心企业，用这张商票向二级供应商支付了应付账款，于是这张商票就在市场上流转起来了。最终持有商票的供应商，在票据到期日于网银内发起托收，承兑人将钱款支付给持票人。

开立商票对于核心企业而言，一是不占用银行的授信额度，不会影响核心企业后续在银行等金融机构融资；二是作为一种短期资金融通方式，能够有效提升企业资金流动性，扩大生产规模；三是有利于保障企业在市场的信用，如签发商票支付结算，到期按时承兑，有助于提升企业的信用记录，增强企业的信用水平和融资能力；四是操作流程便捷，仅需在网银开通电票系统即可操作。

开立商票对于供应商而言，一是多为中小微企业，凭借自身信用去市场融资，融资渠道少且融资成本高，用核心企业开立的商票融资，有核心企业的信用加持；二是商票是一种明确确权且受《中华人民共和国票据法》保护的债权凭证，相对于应收账款而言，市场资方对商票的接纳度更高，从而流动性更好；三是可以选择将商票支付给自己的上游供应商。

商票理财投资是什么?

商票理财投资，是指投资人选择未到期的商业承兑汇票作为底层资产来购买持有，从而赚取贴息的一种投资方式。供应商企业手中持有某大型企业承兑的商票，但因现金流紧张，亟须融出，这时投资者就可以买入持有（前提条件是需要有一个企业主体）。

现在市面上比较流行的商票理财模式是持有优质头部房地产企业承兑的商票。投资人以一定的贴现利率从供应商手中折价购买持有，到期兑付时，票面承兑人会将票面金额对应钱款划至持票人的银行账户。商票理财投资是一种相对比较小众、新型，但同时又安全、收益高的投资理财方式。

例如，2020 年 5 月 8 日买入持有一张某房地产公司作为承兑人，到期日为 2020 年 11 月 9 日的半年期 20 万元商票，供应商愿意以年化率 11% 的融资成本贴现，实际计息天数为 185 天，则该张商票的贴息为每 10 万元扣息 5 653 元。

计算公式为

$$贴息 = 票面金额 \times 剩余天数 \times 贴现利率 \div 360$$

这也就意味着投资者在 2020 年 5 月 8 日花 18.87 万元购买这张商票，到 2020 年 11 月 9 日可以获得 20 万元，资金回报率约为 11.82%。

投资者的实际收益利率 R、贴现利率 r、票据剩余天数 t 的关系，进一步可以表达为

$$R = \frac{\frac{r}{360} \times 365}{1 - r - \frac{t}{360}}$$

从上面这个例子可以看出，投资者的资金回报率其实是高于企业的贴现利率的。

为什么要选商票来理财?

在我国，票据行为是受专门的《中华人民共和国票据法》保护的。《中华人民共和国票据法》第四条、第十三条分别对票据行为、票据权利、票据责任及票据抗辩做了明确的规定。第四条规定，“票据出票人制作票据，应当按照法定条件在票据上签章，并按照所记载的事项承担票据责任。持票人行使票据权利，应当按照法定程序在票据上签章，并出示票据。其他票据债务人在票据上签章的，按照票据所记载的事项承担票据责任。本法

所称票据权利，是指持票人向票据债务人请求支付票据金额的权利，包括付款请求权和追索权。本法所称票据责任，是指票据债务人向持票人支付票据金额的义务”。第十三条规定，“票据债务人不得以自己与出票人或者与持票人的前手之间的抗辩事由，对抗持票人。但是，持票人明知存在抗辩事由而取得票据的除外。票据债务人可以对不履行约定义务的与自己有直接债权债务关系的持票人，进行抗辩”。

具体来说，商票理财投资到底好在哪里？

1. 商票是固定收益投资中的优质资产

商票投资从本质上来说，可以划归为固定收益投资。现在市面上的固定收益理财产品可以分为银行储蓄、债券、P2P（个人对个人）理财产品、信托理财产品、银行理财产品等，其中超过 85% 的底层资产都是债权。商票作为一种债权凭证，具有其他债权不可比拟的优势。

（1）还款主体优质——可以选择前 10 的房地产龙头企业，且为供应链上的核心企业。

（2）利息可提前锁定——贴现式，可以实现利息前置。

（3）还款期限固定——票据期限最长不超过 1 年。

（4）还款来源确定——承兑人到期必须付款。

（5）道德风险防范——票据权利受《中华人民共和国票据法》的保护。

2. “央行系统内操作 + 票交所监管”，安全有保障

电子商业汇票系统自 2010 年在全国推广，该系统依托网络和计算机技术，接收、登记、转发电子商业汇票数据电文，提供与电子商业汇票货币给付、资金清算行为相关的服务。2016 年上海票交所的成立，有效推动了票据电子化，清除了信息不对称，改善了票据市场的整体环境。央行

电子商业汇票系统的建立及票交所的成立，大大降低了票据操作风险。每一张商业承兑汇票的交易，都需要在央行电子商业汇票系统内操作，每一张票据在央行系统内可查。

3. 政策东风加持，票据投资是未来的一片蓝海

近些年来，国家大力推动供应链金融、标准化票据、供应链票据等业务的发展。应收账款和企业的现金流运作关系密切，应收账款票据化能够切实有效帮助企业盘活应收账款并降低融资成本，扶持中小微企业发展。2019 年 12 月以来，央行印发通知，支持中小微企业票据融资，支持应收账款票据化。2020 年 2 月，央行又下发《标准化票据管理办法（征求意见稿）》，进一步弱化票据的贸易背景限制，强调票据的融资功能。商票将成为供应链上下游企业不可或缺的重要融资工具。

综合来看，商票虽然是小众事物，但只要选对主体，就是现阶段收益相对较高且安全的资产。

什么是商票的付款请求权?

付款请求权是指持票人向汇票的承兑人、本票的出票人、支票的付款人出示票据要求付款的权利。例如甲公司持有一张商业汇票，到期委托开户银行向承兑人收取票款。甲公司行使的票据权利是付款请求权。

“票付通”是什么?

2018 年 12 月 6 日，上海票据交易所在上海成功举办供应链创新产品“票付通”发布会。会上，上海票据交易所与 3 家试点金融机构和 3 家试点 B2B（商业对商业）平台签署框架合作协议。2019 年 1 月 26 日，上海票据交易所“票付通”产品成功上线投产。招商银行携手云筑网和石化 e 贸，中信银行携手银耐联，江苏银行携手国网商城成为“票付通”产品首批上线机构，“票付通”业务迅速发展。

一、“票付通”研发背景

（一）供应链金融

“票付通”产品是上海票据交易所践行《商务部等 8 部门关于开展供应链创新与应用试点的通知》（商建函〔2018〕142 号）要求的落地措施，旨在为供应链、B2B 电商及小微和民营企业提供成本相对较低、高效快捷的金融服务。

（二）民营企业的发展

自 2018 年下半年以来，党中央、国务院多次发声支持民营企业发展，纾困民营经济、力挺民营企业发展得到空前重视。票据是民营企业经济活动中可获得性极高的金融产品，上海票据交易所深感使命光荣。因此，设计“票付通”产品时，充分考虑了小微和民营企业的需求，是上海票据交易所精准支持实体经济的又一次探索和实践。

二、“票付通”业务

（一）业务概述

“票付通”业务是交易双方在B2B平台约定以电子商业汇票作为支付方式，付款人通过合作金融机构发起线上票据支付指令，由合作金融机构、收（付）款人开户机构调用上海票据交易所接口服务完成票据线上签发、提交、锁定、解锁、签收等行为的线上票据支付业务。

票交所依托电子商业汇票系统，建设和运营承载“票付通”业务功能的线上票据支付系统。线上票据支付系统负责以接口方式处理票据线上签发、提交、锁定、解锁、签收、信息通知等业务。

（二）主要功能

“票付通”业务提供两项主要功能：一是票据支付见证功能，通过票据锁定、解锁服务，解决票据支付“打飞”问题，弥补票据支付安全性短板；二是通过互联网线上处理模式，实现票据签发和企业背书线上一站式处理，弥补票据支付便捷性短板。

（三）业务定位

“票付通”业务定位于两大客群。一是B2B平台。“票付通”业务是应用于线上B2B贸易活动场景的账期支付工具，为B2B平台客户的线上交易提供票据支付服务。二是B2B平台上的中小微、民营等企业。“票付通”业务得到广泛使用后，将惠及中小微、民营等企业端的“长尾”部分，让企业间的账期支付更加安全、便捷、高效。“票付通”业务可以盘活中小微、民营企业持有的票据，以票据支付置换部分流动性融资需求，缓解融资难、融资贵问题。两大客群可进一步细分为以下内容。

（1）供应链核心企业。“票付通”帮助其再造供应链票据流程，尽可能通过票据支付替代票据融资，降低整个供应链的融资成本。而且通过核心企业增信，受惠面可以拓展到供应链二级、三级等远端链条，真正把供应链上的金融资源链接起来。

（2）B2B 电商平台。当前，企业经营活动线上发展、互联网化发展的趋势已经形成，上下游采购将更多地通过 B2B 电商平台完成。“票付通”产品的见证支付机制可以契合 B2B 电商平台的“陌生人”交易模式，把市场的信任机制建立起来。

（3）中小微和民营企业。中小微和民营企业手上被动持有大量下游企业的应收账款，“票付通”产品可以帮助其盘活这类资产。通过票据资产转让，中小微和民营企业可以近乎零金融成本满足采购和持续经营的需求。

三、“票付通”业务作用

（一）支持小微和民营企业发展

“票付通”产品旨在响应国家支持供应链、支持中小微和民营企业发展的要求，通过扩大票据支付应用场景，部分满足企业融资需求。一方面未贴现票据流动性不强，企业需要通过票据质押、票据池来解决支付需求问题；另一方面已贴现票据中有相当部分也是为了经营性支付。票据支付可以盘活票据存量，缓解小微和民营企业的融资难题，进而降低其不必要的融资成本。

（二）支持供应链、B2B 平台发展

供应链是当代企业发展的核心，B2B 电商可能是未来企业经营方式转变的趋势。但供应链、B2B 平台线上账期支付工具的缺失制约了其发展，而“票付通”产品正好可以填补这方面的空白，助推其加速发展。

（三）推动票据货币化发展

票据发展的最高阶段就是逐步等同于货币资金，企业间可以把票据作为大额现金进行支付。票据货币化发展可以大幅降低信贷投放和金融杠杆，以近乎为零的成本满足企业正常经营需要。“票付通”产品的广泛使用是票据货币化发展的必要前提，应继续探索票据在支持实体经济方面更高质量、更高层次的发展路径。

四、“票付通”业务接入要求

（一）“票付通”业务的参与者

“票付通”业务的参与者包括合作金融机构、开户机构、B2B 平台。合作金融机构是指分别与票交所线上票据支付系统和 B2B 平台系统对接，

提供票据线上锁定、解锁、信息通知等“票付通”相关服务的银行、财务公司；开户机构是指为收（付）款人开立电子商业汇票账户，提供票据线上签发、锁定、提交、信息通知等“票付通”相关服务的银行、财务公司；B2B 平台是指符合《中华人民共和国电子商务法》规定的为企业提供网络经营场所、交易撮合、信息发布等服务的电子商务平台经营者。

（二）金融机构接入要求

各银行、财务公司可以根据《上海票据交易所“票付通”业务申报接入规范（暂行）》的要求，自愿申请成为“票付通”业务的合作金融机构或开户机构。经票交所审核通过、完成系统对接并签订合作协议后，提交申请的银行、财务公司正式成为“票付通”业务的合作金融机构或开户机构。

银行、财务公司申请成为“票付通”业务的合作金融机构后，可以向本机构的 B2B 平台客户提供“票付通”业务相关服务。合作金融机构作为 B2B 平台使用“票付通”业务的直接服务方，应当对 B2B 平台信息的真实性负责，对使用“票付通”业务的 B2B 平台客户身份的真实性负责，对线上票据支付的基础关系的真实性负责，并对线上票据支付指令的准确性、安全性、及时性负责。

银行、财务公司申请成为“票付通”业务的开户机构后，可以向本机构电票账户开户企业在 B2B 平台达成的交易提供线上票据签发、背书等“票付通”业务相关服务，并通过完善企业网银操作功能提升客户体验。银行、财务公司未成为“票付通”业务开户机构的，不能为其开户企业提供 B2B 平台交易场景下的线上票据签发、背书等服务，但仍可通过电子商业汇票系统原有的处理流程完成相关票据业务操作。

（三）B2B 平台接入要求

合作金融机构可以根据《上海票据交易所“票付通”业务申报接入规范（暂行）》的要求为符合条件的 B2B 平台申请开通“票付通”业务功能。经票交所审核通过、与合作银行完成系统对接并签订合作协议后，相关 B2B 平台方可以通过合作银行使用“票付通”业务功能。

合作银行应当督促与其合作的 B2B 平台对电子商务活动的真实合法性、平台客户身份真实性、平台票据支付业务风险防控及客户权益保护等方面履行审查义务并承担相应责任。

“贴现通”是什么？

上海票据交易所上线的“贴现通”业务于 2019 年 5 月 26 日实现赋权，2019 年 5 月 27 日为首个“贴现通”交易日。“贴现通”的上线大幅降低了直贴环节的信息不对称，进一步压缩了直贴市场和转贴市场的利差。

一、“贴现通”内容概述

（一）“贴现通”的概念

“贴现通”是指票据经纪机构受贴现申请人委托，在票交所系统进行信息登记、询价发布、交易撮合后，由贴现申请人与贴现机构完成票据贴现业务的服务功能。目前的票据经纪试点机构包括工商银行、招商银行、浦发银行和江苏银行等。

（二）“贴现通”的业务流程

（1）企业将票据委托给经纪机构。

（2）经纪机构在票交所进行登记。

（3）经纪机构和贴现机构间的询价。

（4）企业、经纪机构和贴现机构达成贴现意向。

（5）企业发起贴现申请，贴现机构签收，支付票款。

（三）“贴现通”业务的参与主体

“贴现通”业务的参与主体包括贴现申请人、经纪机构和贴现机构。其中，贴现申请人应满足以下条件：是中国境内合法注册经营，并有效存续的法人企业或其他经济组织；是票据的合法权利人；满足票据经纪机构、贴现机构规定的其他条件。经纪机构应满足以下条件：是中国票据交易的系统参与者；拥有履行票据经纪业务职责的内控、风控制度，软硬件及专业人员；满足金融管理部门规定的其他条件。贴现机构应满足以下条件：是中国票据交易系统和电子商业汇票系统的参与者；具备票据贴现业务办理资质。

二、“贴现通”业务

（一）“贴现通”业务的管理原则

（1）禁止一票多卖。贴现申请人可与一家及一家以上票据经纪机构建立票据经纪服务关系，但是单张票据在同一时间内只能委托给一家经纪机构，禁止一票多卖。

（2）推动价格透明。按照票据种类、承兑人类型、票面金额、剩余期限等分类，实时适当公开贴现市场成交价格，为市场参与者掌握贴现业务行情、合理进行价格决策提供参考。

（3）企业意愿第一。票据经纪机构应当取得企业真实有效的委托指令，并对委托的真实性负责。贴现业务由企业发起并通过ECDS（电子商业汇票系统）办理，反映真实意愿。

（4）严格资料保管。通过操作规程明确票据经纪机构对企业委托资料的审核和存档要求。票据经纪机构应当对每个企业的资料单独建档，保存时间不少于5年，发生争议的应当保存至争议消除时。

（5）配套完备制度。贴现申请人、票据经纪机构、贴现机构之间依据《上海票据交易所贴现通业务操作规程（试行）》、票据经纪业务服务协议、贴现申请人授权委托书等共同约束参与行为。

（二）“贴现通”业务政策解读

（1）异地、跨省问题。允许办理本地、本省异地“贴现通”业务，申请人可优先选择本省“贴现通”业务；跨省业务未禁止，但应审慎，各个机构在实际办理业务时，应根据跨省授信管理能力，遵从属地监管要求。

（2）贸易背景。系统支持合同、发票影像的上传；不强制上传，满足各机构个性化的要求。

（3）跨行免开户。中国人民银行发布的《关于规范和促进电子商业汇票业务发展的通知》鼓励和支持电票跨行贴现；《票据管理实施办法》《支付结算办法》未限定存款账户必须开立在贴现机构。

（4）贴现信息电子化。贴现申请人应保证信息的真实性、准确性和完整性，并承担相应的法律责任；票据经纪机构应该充分了解贴现申请人情况，对贴现申请人信息的真实性进行审核，保证登记信息与纸质资料信息一致，并对登记信息的真实性、准确性和完整性负责。

（三）使用"贴现通"业务时的注意事项

（1）仅为电子商业汇票，银行承兑汇票、商业承兑汇票均可支持。

（2）仅为买断式贴现。

（3）应当在结算日完成贴现，否则结算失败。

（4）电票代理接入的机构，务必确保在中国票据交易系统登记的代理行信息准确，并以此作为"贴现通"业务下的贴现账户。

（5）意向成交单均以年利率计算贴现利率。

利率对银行承兑汇票贴现利率的影响因素是什么?

银行承兑汇票贴现是指银行承兑汇票持有人将未到期的商业汇票转让给银行，银行从票面额中扣除银行承兑汇票贴息后，将余额付给贴现企业的行为。银行承兑汇票业务对于银行而言，既是资金业务，也是对企业短期的融资业务。

金融机构在其他贷款（特别是流动资金贷款）投放较困难或速度较慢时，增加银票持有量，采取降低票据贴现利率的办法实现在短时间内购入大量票据的目的，由此可能促使整个票据市场贴现利率的下降；相反，在其他贷款投放顺利或速度加快时，减少票据持有量，采取大量卖出或提高票据贴现利率的办法，由此也可能促使整个票据市场贴现利率的上升。

银行承兑汇票是银行资金运作的主要工具之一，因而银行自身资金状况直接影响银行承兑汇票票据市场贴现利率。资金富裕时，降低利率购入，增加持有量；资金紧缺时，提高利率或卖出，减少持有量。

银行的综合融资成本，主要包括筹资成本、其他负债成本、经济资本占用、经营费用等。综合融资成本是银行制定银行承兑汇票贴现利率的基础。

市场参与主体多，资金投入大，贴现利率下降；反之，市场参与主体少，资金投放小，贴现利率上升。

银行开展各项经营业务的目的是获取利润，盈利是银行制定银行承兑汇票贴现利率的决定因素。

由于各银行在不同阶段有着不同的利润指标，银行承兑汇票业务是实现利润指标较有效的手段之一，因而各银行在不同阶段通过制定不同的票据业务交易利率和经营策略，以确保利润指标的实现，并引起票据市场贴现利率的变化。

一、外部定价因素

（一）再贴现利率

再贴现政策是中央银行货币政策的组成部分，办理再贴现是银行获取资金的途径之一。再贴现利率的高低直接影响银行的融资成本和融资方式，并一直是我国票据市场交易利率定价的基准之一。

现阶段，再贴现利率只是作为银行承兑汇票利率的定价基础，中国人民银行对此曾有过规定，即银行承兑汇票贴现利率应在再贴现利率的基础上加点确定。而转贴现利率则不受限制，已经完全市场化。即便如此，由于贴现利率与转贴现利率有着十分密切的关系，因此，再贴现利率仍会对票据市场利率定价产生重大影响。

（二）相关货币市场利率水平

银行承兑汇票票据市场是货币市场的重要组成部分，也是票据市场、同业拆借市场和债券回购市场的各商业银行人民币资金运作的主要场所，三者之间的利率变化密切相关。

由于票据业务的交易成本和风险都高于债券交易的，所以一般情况下，票据市场利率高于债券回购市场利率，并接受债券回购市场利率变化的直接影响，且呈同方向变化。

（三）市场同类产品的价格水平

票据业务交易品种与方式决定票据产品的交易成本与风险，并据此设定不同票据产品的交易利率。如银行承兑汇票改进交易方式，减少交易成本，该产品的交易利率就会下降，等等。

二、票据信用状况

银行承兑汇票业务以银行和企业信用为前提。对贴现行而言，通常对一些信用程度较高企业的票据采取优惠价格。

对于公司而言，“想要在一个行业持续向前，就需要公司将理论与实践结合起来，研究出可能指导行业的标准”。

三、票据利率与其他货币市场的利率走势保持较高的趋同性

在信贷规模宽裕的情况下，票据的资金属性更加明显。

7 天期票据质押式回购利率与 7 天期银行间质押式回购利率走势基本保持同步，二者的相关系数为 0.67。

1 年期票据转贴现利率与 AAA+ 级同业存单利率走势保持高度一致，二者的相关系数达到 0.91。

商业承兑汇票互认联盟是什么?

2019 年 8 月 26 日，中国国新控股有限责任公司（简称“中国国新”）携手 51 家中央企业共同发起设立的央企商业承兑汇票互认联盟在京举行签约仪式。国务院国资委财务监管局领导、中央企业有关领导出席签约仪式。51 家央企商业承兑汇票互认联盟成员单位代表现场签署了“企票通”合作公约，97 家中央企业代表见证了签约仪式。联盟的成立，标志着中国国新搭建的商业票据流通平台——“企票通”正式上线运营。

中国国新自 2016 年以来，积极探索推动国有资本运营、服务央企改革发展的有效路径，逐步形成基金投资、金融服务、资产管理、股权运作、境外投资和央企专职外部董事服务保障“5+1”业务格局。“企票通”平台的建设及联盟的成立，对中国国新搭建金融服务业务板块具有重要意义。

据悉，海外大型企业以商业票据作为融通 1 年内资金的主要工具，融资成本较低，而国内短融市场主要依赖银行贷款，融资成本相对较高，且票据市场以银行承兑汇票为主。其根本原因在于国内商业信用体系有待完善，同时，由于缺乏企业共同认可的共享服务平台、票据业务集中管控平台及有力的信用保证，所以银行开展商票保贴等业务时对企业评级授信需要更高的技术要求，加大了银行管理成本，从而增加了持票企业的贴现难度，减弱了企业接收商票的意愿。借鉴海外商业票据市场的发展经验，商业票据流转实质是企业商业信用价值的体现，具有优质信用的中央企业在国内商票市场大有可为。

为什么要设立票据经纪?

设立票据经纪其实是监管加强的信号。一方面，因为票据案件频发。早在2016年年初，中国农业银行逾39亿元票据被“偷天换日”后二次贴现购买了理财产品。随后，多家银行相继被曝出数十亿元票据纠纷案。2018年1月，监管依法查处了中国邮政储蓄银行79亿元票据案，成为票据处罚第一案，并公布了此次大案系银行内部人员参与票据中介或资金掮客的交易，甚至突破法律底线，与不法分子串通作案，谋取私利。

另一方面，则来源于票据业务的迅猛增长。根据江西财经大学九银票据研究院数据，2018年1月至11月，商业银行累计办理贴现8.72万亿元，比2017年同期增加2.29万亿元，同比增长35.62%，由此可见全市场票据承兑和贴现增长较快。

在积极的财政政策和稳健的货币政策环境下，加上国家政策方面引导对实体经济，尤其是对中小微、民营、“三农”及制造业和服务业的强有力支持，票据作为金融工具在这些领域得到发展和增长是必然的。

就像房产经纪、股票经纪一样，票据经纪首先负责在市场中收集真实的票据信息，并提供给银行以开拓票源，同时负责检验票据的真伪，协助银行查询查复；然后负责在企业与银行、银行与银行之间询价、报价，提供市场各方供需匹配的信息，主动帮助调整票据交易各方的盈利预期，努力撮合交易完成。

区域票据中心是什么?

2018 年以来全国商业汇票市场比较活跃，票据存量逐步攀升，贴现利息持续下降，票据市场增速迅猛。目前山西、陕西、江苏、河南等省份在研究创建区域票据交易中心，以下以河南省为例论述区域票据交易中心的可行性。

一、全国票据市场情况

（一）总体业务情况

2019 年上半年，票据业务总发生额为 65.8 万亿元，同比增长 28.78%；在支付功能方面，承兑发生额为 10.02 万亿元，同比增长 18.73%，企业背书金额为 22.25 万亿元，同比增长 30.14%；融资功能方面，贴现发生额为 6.32 万亿元，同比增长 47.53%，转贴现及回购发生额为 27.21 万亿元，同比增长 27.90%。

（二）贴现业务增长较快

2019 年上半年，商业汇票贴现发生额为 6.32 万亿元，同比增加 2.04 万亿元，增长 47.53%；6 月末，贴现未到期金额为 8.05 万亿元，较年初增加 1.46 万亿元，增长 22.15%。其中，电票贴现发生额为 6.28 万亿元，纸票 450.42 亿元；银票 5.82 万亿元，商票 4 999.46 亿元。

（三）票据利率总体有所下降

2019 年上半年，票据贴现加权平均利率为 3.64%，同比下降 166 个基点；转贴现加权平均利率为 3.48%，同比下降 137 个基点；质押式回购加权平均利率为 2.52%，同比下降 103 个基点。

2019 年各项票据业务呈现增长势头。其中，票据作为民营企业、小微企业支付结算、减少流动资金占用、获得短期融资的重要方式，有望延续增长趋势。贴现业务在资金持续宽松的政策环境下，特别是在国家支持解决民营企业、小微企业融资难问题及中国人民银行数次增加再贴现额度的背景下，发展空间将更加广阔。

二、上海票据交易所

上海票据交易所（简称“上海票交所”）是按照国务院决策部署，由中国人民银行批准设立的全国统一的票据交易平台，2016 年 12 月 8 日开业运营。

上海票交所是我国金融市场的重要基础设施，具备票据报价交易、登记托管、清算结算、信息服务等功能，承担中央银行货币政策再贴现操作等政策职能，是我国票据领域的登记托管中心、交易中心、创新发展中心、风险防控中心、数据信息研究中心。

上海票据交易所的建设和发展，将大幅度提高票据市场的安全性、透明度和交易效率，激发票据市场活力，更好地防范票据业务风险；有利于进一步完善中央银行宏观调控，优化货币政策传导，增强金融服务实体经济的能力。

三、票据市场存在的问题

（一）信息不对称

一直以来，票据交易对中介依赖程度高，其根本原因是银行和持票企业在地域分布和信息获取上不对称，银行对经营地域设置授信额度，持票企业贴现询价也受制于地域和人脉。在这样信息不对称的市场中，大量的票据无法以合理的对价进行贴现。

（二）票据中介过多、风险系数高

据了解，目前市场上有几百家相对正规、公司化的票据中介，它们主要集中在长三角、珠三角和环渤海等地区，规模不大，雇员数多在 30 人左右。其中个别规模较大的公司人数多达 300 余人，已在全国各地建立几十家网点。但是票据中介缺乏有效的风险防控意识和能力，导致票据交易过程中容易产生较高的风险。

（三）河南省暂无区域票据中心

上海票据交易所的设立，把银行间转贴现交易纳入市场，但未从根本上解决票据市场参与者和业务无序发展的问题。就河南省而言，没有在全国统一的票据市场下，建设一个有标准、有结构的票据一级市场予以支撑，票据市场仍处于无序竞争状态。

四、区域票据交易中心的优势

（一）国资背书

当前国内经省级政府审批，地方金融监督管理局监管运营较成熟的区域票据交易中心有四家，分别是京津冀协同票据交易中心、武汉票据交易中心、深圳前海金融票据报价交易系统股份有限公司、齐鲁票据交易中心。

以上四家区域票据交易中心是以银行承兑汇票直贴、转贴、转让业务为核心，提供交易撮合、票据融资等基础业务及相关衍生品服务的电子交易平台，由国资背景股东控股。

区域票据交易中心首先要解决的问题，就是区域市场上信息不对称的问题，只有打破信息壁垒，消除市场割裂，形成规模效应，实现票据市场和资本市场的联通，才能形成核心竞争力。

（二）解决中小微企业融资难、融资贵问题

党中央、国务院高度重视民营企业、中小微企业的发展，要求加大对民营企业、中小微企业的支持力度，着力解决民营企业、中小微企业融资难、融资贵等问题。作为包括银行承兑汇票、商业承兑汇票的商业汇票，因其期限短、金额灵活、质押方便、风险可控，是解决民营企业、中小微企业融资难题的重要途径。区域票据交易中心在缓解中小微企业融资难、融资贵方面具有独特优势。

五、区域票据中心未来可以探索的发展方向

一是建立票据交易业务规则体系，明确参与者的准入、登记、托管、结算等行为要求，依托监测系统，不断完善事前、事中、事后的分析，有效防范市场风险。

二是提高系统效率，建设更加灵活的票据登记托管功能，实现前台、中台、后台一体化，覆盖票据全生命周期。逐步提高票据业务电子化比例，降低操作风险；实现票款对付的DVP结算[①]，降低结算风险；强化信用评价体系建设，大力提升商业汇票的“互联网基因”（地方票交所以商票为主，商票的短板非常明显）；探索数字票据，由区块链作为底层平台，基于区块链开发数据票据交易平台。

三是丰富市场参与者，实现票据交易主体多元化，在内控制度层面，推动票据市场参与者加强票据业务的内控建设。提供多种银行间市场通用的交易品种和交易方式，例如转贴现、质押式回购、买单式回购的交易品种，还可以在合法合规的前提下探索票据池、套利等业务。在此基础上，为贴现市场注入开放、平等、互动的网络特性，实现待贴现票据和待投放资金的精准匹配。

四是确定唯一的票据信用主体，便利票据定价。例如，票交所可将贴现以后的票据信用主体明确为承兑行、贴现行和保证行中信用等级最高的主体，这样有利于票据的定价，也方便交易员进行交易判断和决策。

---

① DVP结算是指交易达成后，在双方指定的结算日，债券和资金同步地进行相对交收并互为交割条件的一种结算方式。

五是逐步实现票据交易的标准化。在传统票据市场中，票据交易的标准化程度较低，这样就导致了票据难以像债券一样进行标准化的交易，票交所可考虑将票据改造为类债券产品，以满足以合格投资者为主的需要进行大宗交易的交易者的需求。

六是考虑票据按需拆分支付，以提高票据支付的场景适应性（因为票据的金额和支付的金额无法匹配，所以票据支付应用就受到了限制）。统一线上票据支付接口，从而填补当前线上票据支付的空白；通过扩大票据支付应用场景，部分满足企业融资的需求。通过背书支付来盘活存量票据，满足企业票据支付的需求。

六、建议

有实力的集团企业可向河南省金融办、国资委申请牵头创建河南省区域票据交易中心，获取交易中心牌照；主动承担社会责任，解决省内票据市场信息不对称，参与者非理性、无序竞争的问题。

（一）模式

（1）区域票据交易中心不能割裂和上海票交所的联系，应与其建立合作关系，依附大平台，在大生态下构建小生态，顺势而为。

（2）有实力的集团企业牵头几家国有企业或民营企业参股组建混合制公司，市场化招聘专业团队负责运营管理；筹建缓解中小微企业融资难、融资贵问题的专业化票据服务平台——河南省区域票据交易中心。

（3）建设电子化票据交易撮合平台，引入省内银行、企业和票据中介作为参与者，支持用户在线与多对手方议价，并支持大宗批量交易，形成省内统一的票据报价、流通和咨询中心，以撮合成交金额核定比例收费。

（4）增强人们对票据业务及票据理财产品的认识，降低企业资产、投资风险。

（5）推行“应收账款票据化”，协调上下游企业利用票据要式规范、可转让、流通的特点，解决供应链企业应收账款拖欠和三角债问题。

（6）制定严密的风险防控流程，避免风险事件发生。

（二）效益

1. 拓宽融资渠道

集团企业作为开票人开立的商业承兑汇票，可通过河南票据交易中心挂网，以“P2P+ 票据”的形式融资。该融资不占用银行授信额度，不考虑融资企业的资产负债率，便于集团企业限制类企业低成本获得资金。

2. 增加营业收入

区域票据中心的营业收入主要来源于信息服务费，通过与各大银行建立合作关系或建立网络为票据买卖双方提供信息撮合平台，帮助企业迅速、低成本获得流动资金，收取信息服务费。按撮合成功票据交易 100 亿元、信息服务费 0.05% 测算，可盈利 500 万元。

3. 提升票据管理能力

依托自营的区域票据中心，可第一时间得到市场信息，有利于集团企业优化票据管理，防范票据风险。

4. 扩大社会影响力

借助区域票据交易中心，进一步提升集团企业的社会信誉，有利于推行集团企业创新型金融产品（如应收应付类区块链票据凭证）。

5. 利于集团企业标准化票据的发行

集团企业可创设标准化票据，在票据市场交易流通。计息方式可采用贴现式。

6. 布局票据市场战略要地

有实力的集团企业的金融板块目前可能已有财务公司、租赁公司、基金公司、担保公司、投资公司。筹建河南省区域票据交易中心能丰富金融板块的产业结构，布局票据市场战略要地。

（三）风险及防范措施

1. 经营风险

集团企业缺少专业的票据管理人员及票据管理团队，缺乏票据创新产品运营经验，完全依靠本单位人员运作区域票据交易中心会有经营失败的风险。

应对措施：参照市场化的公司治理模式，采取市场化招聘的方式，引进成熟的运营团队经营区域票据中心。

2. 市场风险

上海票交所成立后，我国票据市场随着纸质票据的限制使用，电子票据的大力推广，得到了爆发式的增长。但是国资背景的区域票据交易中心只有四家，公众对票据产品的认知度不高，再加上“票贩子”的不合规操作，使票据市场面临着不确定的风险因素。

应对措施：依托河南省政府国资委和金融办的支持，制定河南省的票据交易规则；依托集团企业上下游产业链吸引更多的企业参与河南省区域票据交易中心的业务。

综上所述，在上海票交所成立后随着全国票据市场的大发展，区域票据交易中心迎来了历史性的机遇，建议有实力的地方国企加强对票据市场的研究，抓住市场先机。

票据 ABS 是什么?

ABS，是英文 Asset Backed Securities 的缩写，中文又称资产支持证券，狭义的 ABS 通常是指将银行贷款、企业应收账款等有可预期稳定现金流的资产打包成票据池后向投资者发行债券的一种融资工具。

商业承兑票据的底层资产是企业应收账款。在企业的应收账款管理中引入商业承兑汇票，是将回收期限确定性低的应收账款转化为期限确定性更高的票据资产，有利于提高企业的应收账款管理能力。而票据资产作为一种期限确定性较高的资产，无疑比应收账款更适合作为 ABS 产品的基础资产，这也是票据 ABS 产品获得市场广泛关注的重要原因之一。

“军工票”是什么?

本书的“军工票”不同于股票市场的“军工票”，是指国内军工类企业作为开票人在商业银行或所属财务公司开立的商业汇票的统称。“军工票”的意义在于培育企业商业信用，实现商业信用价值，降低企业财务成本。

“军工票”合作的条件、内容及措施有：建立标准体系，推动“军工票”在十大军工集团之间流通，推动“军工票”从军工系统走向系统外，开发“军工票”信息系统平台，打造“军工票”共同市场。

兵工财务有限责任公司联合商业保理公司在金融资产交易所累计发行“军工票”资产证券化产品 3 000 万元，“军工票”在资产证券化方面实现了重要创新与突破。

“军工票”资产证券化业务是指军工企业集团所属核心子企业（简称“军工核心企业”）依据真实的贸易背景，向产业链上游供应商签发“军工票”用于货物采购，持票人（供应商或票据被背书人）可将“军工票”作为质押物向商业保理公司融资，商业保理公司建立“军工票”票据池，并以入池资产为基础资产，在金融资产交易所发行一定期限的资产证券化产品，由特定投资人（军工企业集团所属子企业）进行认购，产品到期后出票人兑付票据，同时投资人收回投资本息。

“军工票”资产证券化业务具有操作简单、融资便捷等优势，能够提供高效率、低成本的融资渠道，有助于缓解产业链上游中小企业融资难、融资贵的问题。同时，军工核心企业商业信用价值向产业链上游传导，将有力推动产业链军民融合。以“军工票”作为底层资产开发投资产品，票据承兑人、金额、期限等要素清晰，能够做到资金与资产严格一一对应，确保产品风险可控、投资收益稳健。对于资金较富裕的军工企业集团所属子企业而言，打通了安全、可靠、收益率合理的闲置资金升值渠道，进一步提升了价值创造能力。以“军工票”为载体，围绕军工核心企业开展资产证券化业务，能够有效压降产业链应收账款，加快产业链资金周转效率，提高流动性管理水平。[①]

区块链数字票据是什么?

区块链技术以其独特的技术特性使数字票据成为可能，为解决现行票据市场缺陷提供了更好的选择。

所谓的区块链数字票据，并不是新产生的一种实物票据，也不是单纯的虚拟信息流，它是用区块链技术，结合现有的票据属性、法规和市场，开发出的一种全新的票据展现形式，与现有的电子票据相比，在技术架构上完全不同。同时，它既具备电子票据的所有功能和优点，又融合了区块链技术的优势，成为一种更安全、更智能、更便捷、更具前景的票据形态。所以，可以将数字票据理解为基于区块链技术构造的全新形式的电子票据。

---

① 资料来源：中国兵器工业集团有限公司官网。

票据是一种有价凭证，其在传递中由一直需要隐藏的“第三方”来确保交易双方的安全可靠。比如在电子票据交易中，交易双方通过中国人民银行批准设立的ECDS系统进行信息交互和认证；纸质票据交易中，交易双方信任的第三方是票据实物的真伪性。但借助区块链，既不需要第三方对交易双方价值传递的信息做监督和验证，也不需要特定的实物作为连接双方取得信任的证明，实现了价值在点与点间的无形传递。此外，在实际的票据交易中，经常会有票据中介这一角色利用信息差撮合，借助区块链实现点对点交易后，票据中介的现有职能将被消除，并以参与者的身份重新定位。

2019年7月欧洲清算银行有限公司（简称“欧清银行”）与欧洲投资银行等机构合作完成了用于发行和结算欧洲商业票据（CP）的区块链平台的“价值验证”。该平台为商业票据的发行及DVP结算提供了高效、整合的中心，可使商业票据的发行活动完全透明和可追溯，降低运营成本，并使商业票据的当日发行情况成为新的市场标准。此次价值验证进一步证明了区块链技术对证券发行流程的潜在价值，即在提高发行效率和上市速度，改善发行人和投资者体验方面存在的巨大潜力。欧清银行表示将尽快推进该区块链平台的试点。

2019年6月加拿大银行和新加坡金融管理局使用中央银行数字货币，对区块链跨境支付进行了成功的试验。传统的跨境支付流程较为缓慢且昂贵，因为依赖易发生交易对手风险的代理银行网络，流动性管理效率低下，且对账烦琐。为使跨境支付降低成本、提高速度和安全性，加拿大银行和新加坡金融管理局近年来保持合作，探索如何通过分布式账本技术（DLT）和中央银行数字货币实现这一目标。二者成功地将各自的实验性国内支付网络联系起来，即建立在两个不同 DLT 平台上的 Jasper 项目（支持加拿大银行）和 Ubin 项目（支持新加坡金融管理局）。本次跨境支付使用了哈希时间锁定合约（Hashed Time-Locked Contracts，HTLC）来连接两个网络，实现了款项同步交收结算，且无须受信任的第三方充当中间人。

初步接触区块链和加密货币的人，经常会接触到一些专业名词，比如公有链、主链、跨链等，对于这些专业名词，大家都真正了解吗？区块链技术发展到现在都有什么链？各自都有什么不同之处？其中又有什么关联？了解这几个知识点，对区块链的认知会提升一个高度。

公有链（public blockchain）也就是公共区块链，是指全世界任何人都可以读取、发送交易且交易能够获得有效确认的共识区块链。通常情况下，公有链被认为是完全去中心化的，没有任何组织或个人可以篡改或控制公有链中数据的读写。比特币就是其典型代表。

公有链是目前应用最为广泛的区块链，主要有四方面的特点。一是访问门槛低，任何一个用户只要拥有一台能够联网的计算机就能够访问；二是公开透明，由于整个系统完全去中心化，系统运作过程公开透明；三是匿名性，由于节点之间无须彼此信任，所有的操作都可以匿名进行，很好地保护了隐私；四是免受开发者影响，公有链数据的读写不受到任何组织或个人的控制，因此也能够保护用户免受程序开发者的影响。

私有链（private blockchain）也就是完全私有区块链，是指写入权限完全在一个组织手里的区块链，所有参与到这个区块链中的节点都会被严格控制。在某些情况下，私有链上的一些规则可以被机构修改，比如还原交易流程等。私有链的应用更偏向于企业内部。私有链的交易速度快，其交易不需要所有网络节点的确认，只需要几个受到普遍认可的高算力节点确认即可，交易成本与公有链和联盟链相比极低。

另外，由于读取数据的隐私权受限，参与者难以获得私有链上的数据，隐私保障更好。不过，私有链最大的缺点是可以被操纵价格，也可以被修改代码，因此从这方面来说风险较大。

联盟链（alliance chain）本质上是一种私有链，只不过比单个小组织开发的私有链更大，但没有公有链的规模大，可以理解为它是介于私有链和公有链之间的一种区块链。

联盟链的特点如下。

（1）部分去中心化。与公有链不一样，联盟链在某种程度上只为联盟内部的成员所有，且很容易达成共识，因为联盟链的节点数是非常有限的。

（2）可控性较强。公有链是一旦区块链形成，将不可篡改，这主要源于公有链的节点一般是海量的，比如比特币节点太多，要篡改区块数据，几乎不可能。而联盟链只要所有机构中的大部分达成共识，即可更改区块数据。

（3）数据不会默认公开。不同于公有链，联盟链的数据只有联盟里的机构及其用户才有权限进行访问。

（4）交易速度很快。联盟链上的节点不多，达成共识容易，交易速度自然也就很快。

（5）无须代币激励。由于联盟链依靠联盟内部各个节点之间基于彼此信任取得共识，所以无须额外的代币激励，这一点很好地规避了相关政策风险。目前我国各大互联网公司，如腾讯、阿里巴巴等早已布局联盟链。

比较知名的有 R3 区块链联盟、超级账本等。

主链（main chain）又称主网。通常区块链，尤其是公有链都有主网和测试网。主网是区块链社区公认的可信区块链网络，其交易信息被全体成员认可。有效的区块在获得区块链网络的共识后会被追加到主网的区块账本中。

侧链（side chain）是主链外的另一个区块链，锚定主链中的某一个节点，通过主链上的计算力来维护自身的真实性，实现公共区块链上的价值与其他账簿上的价值在多个区块链间的转移。这种主链和侧链协同的区块链架构中的主链有时也被称为母链。

跨链（cross link），顾名思义，是通过一种允许价值跨越链和链之间的障碍的技术。区块链是分布式总账的一种，是一个独立的账本。两个不同的链是两个不同的独立账本，两个独立的账本之间并没有关联，本质上没有办法在账本之间传递价值。但对于特定用户来说，需要将在某一区块链上存储的价值转换成另一个链上的价值，即实现价值的流通。

财务公司票据平台是什么？

设立财务公司是集团企业发展到一定阶段的客观要求，它也是我国经济体制改革和金融体制改革发展的必然产物。从 1987 年第一家财务公司开业到 2020 年 12 月末，我国已有 256 家财务公司，基本覆盖了关系国计民生的基础产业和各个重要领域的大型企业集团。近年来，财务公司在票据市场的重要性日益凸显，财务公司票据平台是推进票据市场体系建设的重要一环。

发展财务公司票据平台的意义如下。

1. 有利于缓解实体企业的债务问题

建立财务公司票据平台可以进一步缓解因企业间赊销而产生的债务问题。借助商业汇票的承兑特性，企业可以通过财务公司开立电子商业汇票，缓解供应链上下游企业因银行信贷规模等因素出现的融资难题。商业汇票，尤其是银行承兑汇票所承载的银行信用，可以重塑企业之间的交易通道，为商业信用的发展奠定基础。

借助商票汇票的流转特性，企业可通过财务公司票据平台进行商业汇票的背书及转让，解决供应链企业间的货款兑付与资金流转问题，保障供应链上下游企业，尤其是中小企业的生产经营，提高企业的资金周转效率，避免因企业间的赊销而产生连锁债务或三角债，推进供应链高效、稳定运行。

2. 有利于缓解部分小企业融资难、融资贵的问题

（1）财务公司票据平台的有序发展将进一步推动票据无纸化、标准化进程，提升票据市场对实体经济结算与融资的服务效率，进一步降低企业的交易成本。

（2）财务公司票据平台将改变行业供应链内企业的交易与融资习惯，从赊销或贷款融资转变为票据背书转让及票据贴现，加快中小企业资金回笼速度，有利于推动流动资金贷款票据化进程。由于票据融资成本总体上低于流动资金贷款，所以流动资金贷款票据化可全面降低中小企业的融资成本。

（3）财务公司票据平台内的企业主要包括三类：一是集团内部的企业，二是行业内的各类型企业，三是行业供应链上下游的中小企业。相关企业之间由于存在供销关系或合作关系，彼此之间对经营情况、行业趋势、融资需求较商业银行更为熟悉，通过财务公司票据平台可以较好地在内部解决中小企业融资问题。

（4）虽然财务公司仅有 200 余家，但集团子公司、行业内部企业及供应链上下游企业遍及全国各地，能有效覆盖全国大部分的中小企业。财务公司票据平台可以有效突破地域的限制，全方位、全地域地深入推进票据结算与融资服务，加快商业汇票在全国范围内的流转，带动中小企业走出困境，快速发展。

3. 有利于推动国有企业做大、做强，提高资金效率

一是从供应链层面看，财务公司票据平台为供应链上下游企业的融资提供了便利，降低了上下游企业的融资成本，打通了阻碍供应链顺畅运行的资金问题，有利于提升整个供应链的生产效率，有利于国企提升产能、优化产业布局，有利于巩固国企在国内以至全球的行业领先地位。

二是从资产运作层面看，财务公司一方面可以对接平台内企业的承兑与贴现需求，另一方面可以接入上海票据交易所，联通票据的一、二级市场，盘活平台内的票据资产。财务公司票据平台可以充分发挥财务公司的纽带作用，使财务公司突破集团内部的限制，为全行业、全产业链配置票据资产，进一步提升国企的资产运作能力，为国企做大、做强提供融资保障。同时，以集团母公司的信用，可大力发展电子商业承兑汇票，节省融资成本。

三是从资金效率层面看，企业融资既可以走资本市场之路，发挥直接融资作用，也可以走货币市场之路，发挥间接融资作用。票据融资是一种典型的间接融资，与直接融资相比，一方面，票据融资效率更高，可以提高企业的资金使用效率；另一方面，综合化的票据融资方案可以实现融资成本最小化。

四是从行业层面看，财务公司票据平台包括行业内多种类型的企业，可以聚拢行业的内部资源，将进一步推进行业内部分公司发展，进而推进全行业的快速发展。

4. 有利于打造平台票据品牌

财务公司票据平台可考虑打造平台票据品牌，在充分调研的基础上，通过宣传推广、产品营销等品牌建设手段培育企业的用票习惯，提升票据在企业结算与融资中的占比，提升平台对企业的吸引力和辐射力，并进一步推动票据市场发展，清除实体经济融资阻碍。

5. 有利于进一步培育商业信用

财务公司票据平台的建立有利于进一步培育商业信用，核心企业可以通过平台开立商业承兑汇票，用于支付上游供应商货款。上游供应商可通过平台背书转让至其他企业或转交财务公司贴现，实现商业承兑汇票的闭环运行。该业务模式有利于大中型国企降低财务成本，有利于供应链上下游中小企业应收款回笼，有利于平台票据品牌建设，有利于进一步优化国内商业信用环境。

6. 有利于降低票据市场业务风险

（1）降低企业用票风险。随着财务公司票据平台对票据承兑、贴现市场的规范，以及上海票据交易所对票据二级市场的整合，票据市场的各项规则、措施将逐步完善，票据市场的电子化进程将加快，电子票据将成为票据市场最主要的组成部分。由于电子票据不存在“假票”“克隆票”“变造票”等票据真实性风险，所以企业可以放心使用电票进行结算或融资，有利于优化实体企业的用票环境，降低企业的票据使用风险。

（2）有效防范信用风险、市场风险。财务公司票据平台具有全面的行业业务数据及行业票据数据，可以透彻分析行业票据市场交易主体信用状况，并通过对接上海票据交易所，研判票据市场利率走势，为控制信用风险、市场风险提供了依据。

（3）有效控制票据真实性风险及操作风险。财务公司票据平台在成立初期可以电子票据为主，纸质票据为辅。对于纸质票据可以依托上海票据交易所查验纸质票据的详细信息，以及纸质票据的承兑登记情况，依托财务公司全面把控纸质票据的真伪鉴别，将纸质票据的真实性风险降至最低，有效控制操作风险。

（4）有效控制票据中介渗透。上海票据交易所将原本割裂的银行间票据市场整合为全国统一的票据二级市场，但并未消除企业与商业银行、企业与企业之间的信息壁垒，财务公司票据平台可以有效填补这一空白。其将建立起企业与财务公司之间的信息通道，使票据贴现市场价格更趋于透明化，最大限度压缩了票据中介的非正常生存空间，防范可能出现的各类风险事件。

（5）利于防范道德风险。财务公司票据平台作为第三方参与票据贴现交易及上海票据交易所的票据二级市场交易，可以最大限度地防范“逆流程操作”“倒打款”“一票二卖”等违法、违规行为。财务公司票据平台相关系统的建设，可以配合上海票据交易所进一步减少少数金融机构“内外勾结”等票据作案行为。

7. 有利于进一步活跃票据市场

票据市场在我国货币市场中的占比日趋提高，也是市场化程度最高的市场之一，财务公司票据平台搭建后，将进一步规范企业的票据行为，压缩票据中介的非正常生存土壤。信息透明化的票据贴现市场，将引导企业合理地调整融资行为，提高商业汇票在企业间的使用频率，活跃票据贴现市场。活跃的票据贴现市场也将为实体企业提供更优质、更低价的票据融资服务，切实降低企业的融资成本，更好地为实体经济服务。

8. 有利于落实国家的战略方针

建设财务公司票据平台，建设票据贴现市场基础设施，活跃与规范票据贴现市场，是对上海票据交易所的有益补充，将有利于票据全生命周期的规范化发展，有利于整体票据市场服务企业、服务国民经济中的各类行业、服务实体经济。国有企业及财务公司需要抓住机会，加快业务产品、经营思路的转型，以票据产品链为抓手，结合行业、产业及实体经济共同研究供应链、产业链、项目链的票据融资规划，防止金融资产脱实向虚，确保票据融资投入并推进实体经济发展。

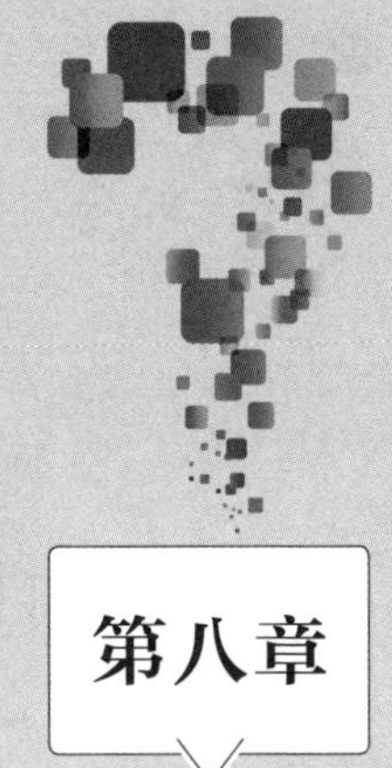

第八章

票据专业术语

票据池业务问答

票据在我国已经发展为一个专业性很强的行业，自然形成了不少术语，做票据业务时经常会涉及，本章着重介绍票据专业术语，希望能对读者有所帮助。

什么是电子商业汇票?

电子商业汇票是出票人以数据电文形式制作的，委托付款人在指定日期无条件支付确定的金额给收款人或者持票人的票据。电子商业汇票又分为电子银行承兑汇票和电子商业承兑汇票。

什么是电子商业汇票系统?

电子商业汇票系统是指中国人民银行建设并管理的，依托网络和计算机技术，接收、登记、转发电子商业汇票数据电文，提供与电子商业汇票货币给付、资金清算行为相关的服务，并提供纸质商业汇票登记、查询和商业汇票（含纸质、电子商业汇票）公开报价服务的综合性业务处理平台，简称 ECDS。

电票业务流程如图 8-1 所示。

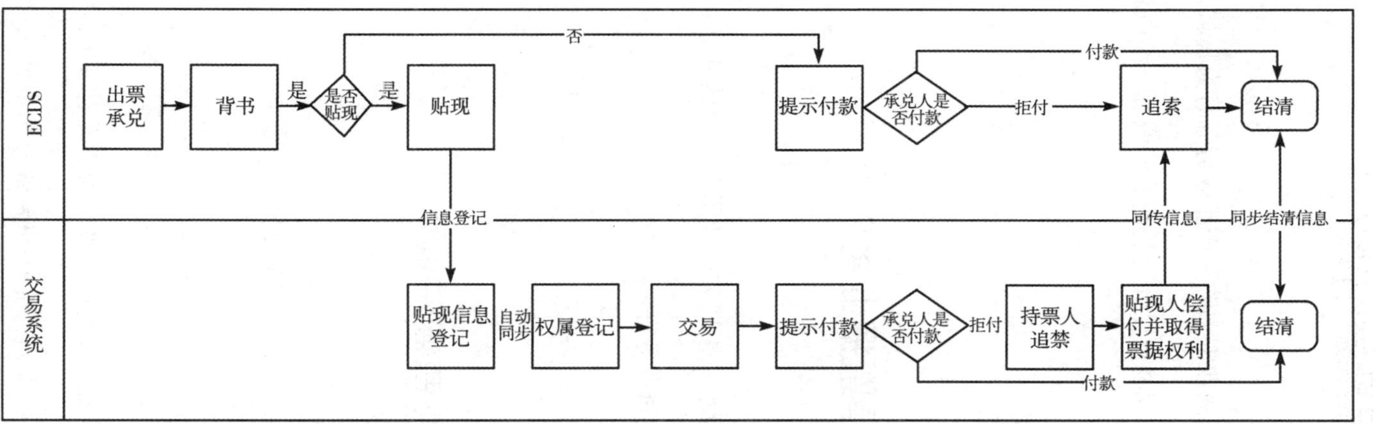

1.票据市场的全部交易均通过交易系统实现

随着电票贴现后的功能一次性切换至交易系统，电票和纸票贴现后的票据交易、登记托管、清算结算和到期处理**均通过交易系统处理，执行《票据交易管理办法》（中国人民银行公告〔2016〕第29号）及上海票据交易所发布的相关业务规则**

2.电票贴现及贴现前的各项电票业务仍在ECDS处理

贴现及贴现前的电票业务仍在ECDS处理，遵守相关业务规则，ECDS成为交易系统的电票票源

图 8-1　电票业务流程

什么是票据结算?

票据结算是指企业需要使用商业汇票购买产品或劳务时为收款人开立银行承兑汇票或商业承兑汇票，或将自己拥有的商业汇票背书给收款人的过程。

什么是票据业务?

在我国，票据业务特指银行承兑汇票和商业承兑汇票的开立、解付、背书、贴现、转（再）贴现、支付业务等。

什么是票据行业?

票据行业是指从事票据业务的银行，类金融机构、企业，票据经纪人等所做的工作。

票据市场是较为成熟的资本市场，同股票市场一样，有一级市场、二级市场和三级市场。一级市场即发行市场；二级市场即流通市场，涉及背书转让（可在任何机构间进行）、贴现（企业向金融机构申请）、转贴现

（金融机构之间的票据贴现行为）；三级市场主要涉及再贴现行为，作为货币政策传导工具而存在。

什么是承兑汇票？

票据行业简称的承兑汇票，分为银行承兑汇票和商业承兑汇票两种。其中，银行承兑汇票是银行为付款企业开立的，约定在未来 1 年内的某一天，由银行向收款方保证无条件支付票面金额的一种支付手段。商业承兑汇票是付款企业自己开立的，约定在未来 1 年内的某一天向收款方保证支付票面金额的一种支付手段。

什么是票据从业者？

票据从业者的岗位职责包含交易、市场开拓与维护等方面。

（一）交易方面

（1）根据投资经理指令，并结合其对价格、数量、时限的要求，在票据市场中进行询价、交易及报表制作。

（2）及时将市场变化、交易指令执行情况和交易中的异常情况向投资经理反馈，并提供盘面建议。

（3）搜集票据市场的各种信息，为投资决策提供依据、参考。

（4）严格遵守交易流程，避免交易差错，对当日指令的执行情况及时复核，查找废单原因并及时解决。

（5）编制交易日报及其他与票据交易相关的工作。

（6）协助完善部门票据交易流程与风险控制制度。

（二）市场开拓及维护

（1）负责收集、反馈同业票据业务市场动态，定期提供分析报告。

（2）负责同业票据业务合作渠道的拓展与维护。

（3）负责票据类客户的开拓和交易对手积累。

（三）任职要求

（1）熟悉票据市场运行规律并具有市场分析能力。

（2）熟悉票据业务各项法规（含票交所制度）、票据交易系统及ECDS系统的操作流程。

（3）具有较强的承压能力、较强的工作自主性及团队合作精神。

什么是日切?

日切是指中国人民银行的电子商业汇票系统每天会切换工作状态，中国人民银行规定不同的工作状态下可以进行不同的工作。每种状态下可操作的业务详见《电子商业汇票业务管理办法》。

什么是提示付款?

银行承兑汇票和商业承兑汇票的持有人发出请求承兑人付款的申请。

什么是撤票?

出票人在提示收款人收票前，可以向中国人民银行发出撤销此票据的申请，中国人民银行收到后，日切时向所有与此票据相关的关系人发通知报文，通知此票据作废。

什么是票据托管?

票据托管是指企业将其合法持有的具有真实贸易背景的商业汇票委托银行保管，并委托银行于票据到期前办理收款。托管票据以经银行确认的与移交票据实物相符的《票据托管申请表》或经银行审核的网银信息为准。

什么是代保管?

成员单位批量选择收票登记在库的票据，申请集团企业代保管，集团企业审批通过后，票据进入合作银行托管出的库存中。代保管取回，即成员单位批量选择代保管到集团企业的票据申请取回，集团企业审批通过后，票据进入合作银行收入票据的库存中。

什么是票据池质押?

票据池质押是指企业作为出质人交付给合作银行的所有质押商业汇票的集合。企业选择收票登记在库的票据，指定质押合作银行发起质押操作，生效后，票据进入质押出的状态中。

什么是票据池质押授信?

商业银行基于企业所提供的票据池质押担保给予企业授信，为企业办理票据池协议约定范围内的融资业务，企业以质押票据池中的所有票据为授信提供质押担保。

什么是票据池质押额度?

总质押票据池中每张质押票据的票面金额乘以该质押票据所对应的质押率得到票据池质押授信最高本金限额。票据池合作银行有权根据自身管理要求对不同类型的票据设定不同的质押率，票据池中每张票据对应的质押率以银行系统记录的数据为准。

什么是票据池质押率?

票据池质押率是指企业质押进票据池的票据可以生成多少金额的融资额度或开票额度，一般为 70%~100%。比如质押进票据池 100 万元的银行承兑汇票可以借出 70 万元的流动资金，即票据池质押率为 70%。或者质押进票据池 100 万元的银行承兑汇票可以开立 80 万元的银行承兑汇票，即票据池质押率为 80%。

什么是票据池质押融资?

质押融资的准入条件与贷款前提是企业已在合作银行开办票据池业务，贷款期限最长为 1 年，到期一次性还款，可根据情况提前还款。额度根据票据池担保额度推送至网银，费用即利息根据实际贷款金额、期限计息，一般都是下浮利息。提款还款方式为循环或非循环，随借随还，使用的渠道为网络，自助、随时随地、高效便捷，受理时间为全天候（银行业务批处理、系统升级、资金配置等时段除外）。

什么是票据池质押保证金账户？

票据池质押保证金账户是指企业在合作银行开立的用于存放质押票据到期兑现款项（包含但不限于票据到期托收资金）的专用保证金账户。

什么是质押票据的交付?

对于纸质票据来说，除票据池协议另有约定外，指企业在其合法持有的票据上进行质押背书后将实物票据交付合作银行占管的行为；对于电子票据来说，指企业作为合法持票人通过网银等电子渠道发送电子票据质押业务申请，由合作银行通过中国人民银行的电子商业汇票系统或未来经中国人民银行批准承接其功能的系统完成质押签收的行为。

什么是可融资金额?

可融资金额是指票据池内各质押票据产生的质押额度与总票据池质押保证金账户内的保证金之和，根据不同时点的入池票据量及票据池质押保证金账户内的保证金进行动态核定。合作银行有权将企业的任何时点的融资余额控制在可融资金额范围内。

什么是票据池质押融资余额?

票据池质押融资余额是指在票据池质押授信有效期内，企业按有关协议约定的方式使用合作银行所给予的票据池质押额度而形成的各项融资余额之和，包括未到期余额和已到期未清偿余额两部分。

什么是票据池总协议？

票据池总协议指票据池合作银行与企业所签订的《票据池业务合作协议》。分合同指企业根据《票据池业务合作协议》约定，经合作银行审核同意后办理融资业务时双方签订的具体约定每笔主债务金额、主债务履行期限及其他权利、义务的合同。分合同是总协议不可分割的组成部分，分合同与总协议具有同等法律效力。总协议与分合同的约定如有不符，以分合同的约定为准。

什么是票据池主债务？

票据池主债务指企业申请合作银行办理票据池质押授信项下各项业务时所产生的债务本金、利息及费用，包括但不限于企业应偿还合作银行的本外币借款、拆借、贸易融资（包括但不限于信用证开证、信托收据、打包贷款、出口押汇、出口托收押汇和进口押汇等）、银行承兑汇票、票据贴现、票据回购、担保（包括独立保函、见索即付保函及备用信用证等）

等融资业务而形成的本外币债务（含本金、利息、罚息、复利、违约金、损害赔偿金、甲方实现债权的费用等）。

什么是企业自贴票?

申请贴现企业需在贴现行提供开户手续、购销合同、发票等，银行当天放出资金，利率偏高。

什么是带票直贴?

有票据贴现需求的企业将持有的商业汇票（电子或纸票）票面交给票据经纪人做查询，不管是否面对面交易，只需要票据经纪人签收商业汇票当月就能支付资金给票据贴现企业。

什么是企业代理贴现?

票据代理贴现业务是指商业汇票的贴现申请人通过与其代理人、贴现银行签订三方协议，委托其代理人在贴现银行代为办理票据贴现手续，贴现银行审核无误后，直接将贴现款项划付给贴现申请人的贴现业务。代理贴现流程如图 8–2 所示。

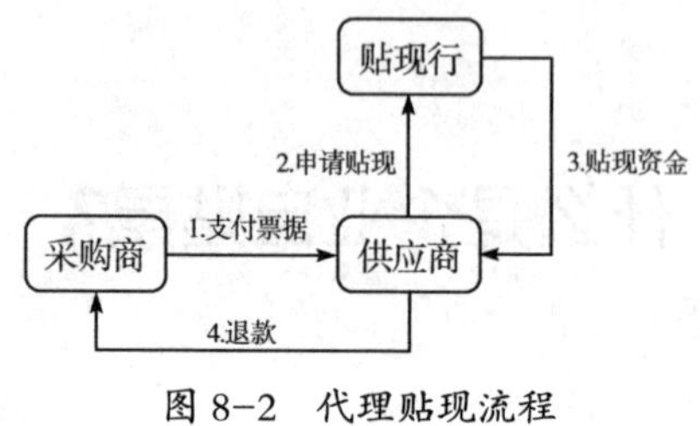

图 8–2　代理贴现流程

票据代理贴现业务适用于财务管理规范、资金实力较强的大型企业和异地客户，也适用于由贴现行认可的适合贴现的银行承兑汇票及贴现行保贴的商业承兑汇票。业务流程如下：①代理人备齐相关资料，申请办理代理贴现业务；②贴现行审核资料，进行审查审批；③各方签订合作协议；④代理人针对具体票据代为申请办理贴现，签署贴现协议，进行贴现背书等；⑤贴现行核验票据无误，为客户办理贴现手续，将贴现款划入指定的委托人账户。

什么是当天出款？

申请贴现企业提前发票据的票面信息，然后携带纸票进银行，纸票不离手，不离视线，撮合成功的贴现企业准备手续，全程在银行柜台及银行摄像头下操作，当天一定放出资金。主要用于急需现金，但又不想承担太多利息的企业。

什么是查复打款?

查询回复后打款，半个小时左右放出资金，不需要准备手续，纸票不离手，电票不离开网银，占用直贴行资金，利率略高。主要用于不是买票方与卖票方一起在银行看着票据在银行柜台开出来，已经在个人或企业逗留的银行承兑汇票。

什么是见票买断?

银行或企业现金买断，根据票据的情况决定查询或不查询，纸票不离手，电票不离开网银，款到交票，价格与查询回复出款的基本持平或略高。主要用于买票方与卖票方一起在银行看着银票在银行柜台开出来，没有在任何个人或企业逗留的银行承兑汇票。

什么是光票?

光票是指票据上面除了出票人与收款人没有第三方企业背书的票据或者指无税务发票和无跟单贸易合同的票据。

什么是背书?

收款企业把票据转让给第三方企业即背书（转让）。背书可以背很多次。

什么是打三方?

打三方是指现汇支付给票面出票人（企业）与收款人（企业）以外的其他所有收款公司的行为，不管有没有在票据上面背书。

什么是带行贴现?

带行贴现和带票贴现意思差不多，如今天收了 A 企业的票，明天给 A 企业钱，有时候也可以是当天收扫描件，第二天见票给钱，一般是把光票配上合同和税票到银行贴现。大多数银行都需要附上合同和税票才能贴现。但票据一般来说就是钱，也有能直接贴光票的银行贴现。

什么是贴现授信额度?

如果 A 银行有 B 银行的银行承兑汇票授信额度，贴现就比较优惠；如果额度不够用了，A 银行需要向总行申请调剂额度，贴现就要贵一些。

什么是贴现率变动?

每天的贴现率都是不同的，与银行每天公布的贴现率有关。一般来说，股份制银行的贴现率低，各商业银行的稍高一点，各信用社的又要高一些。

什么是贴现利息计算?

商业汇票的贴现利息计算分两种情况：

1. 票据不带息

贴现利息 = 票据面值 × 贴现率 × 贴现天数 /360

贴现净额 = 票据面值 – 贴现利息

2. 票据带息

票据到期值 = 票据面值 ×（1+ 票面利率 × 票据期限 /12）

贴现利息 = 票据到期值 × 贴现率 × 贴现天数 /360

贴现净额 = 到期值 – 贴现利息

什么是 10 万元扣款?

例如，票据持有人要提前承兑一张 10 万元的银行承兑汇票，期限 6 个月，贴现年利率 6%，则月贴现率 0.5%，日贴现率 0.017%，那么贴现费用是 100 000 × 6 × 30 × 0.017% = 3 060，每 10 万元面额的票据贴现需要扣除 3 060 元贴现费用。

什么是传统票据池？

传统票据池是指企业将合法持有的，银行认可的存单、债券、基金、商业汇票、信用证、理财产品、出口应收账款、国内应收账款、保理、应收租费等金融资产委托银行进行统一管理，统筹使用，或将其持有的金融资产入池质押，形成质押池融资额度，银行在池融资额度内为其办理表内外授信业务。图 8–3 为混合动态质押完美突围票据收付两端“要素不匹配”

困境，图 8–4 为 ×× 公司票据池业务具体实施流程示意图。

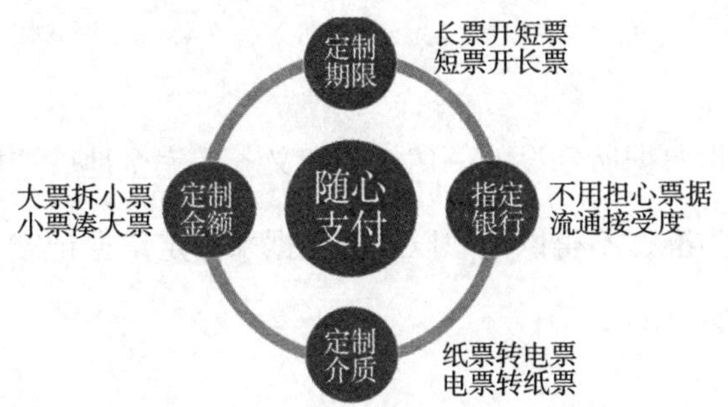

图 8–3　混合动态质押完美突围票据收付两端“要素不匹配”困境

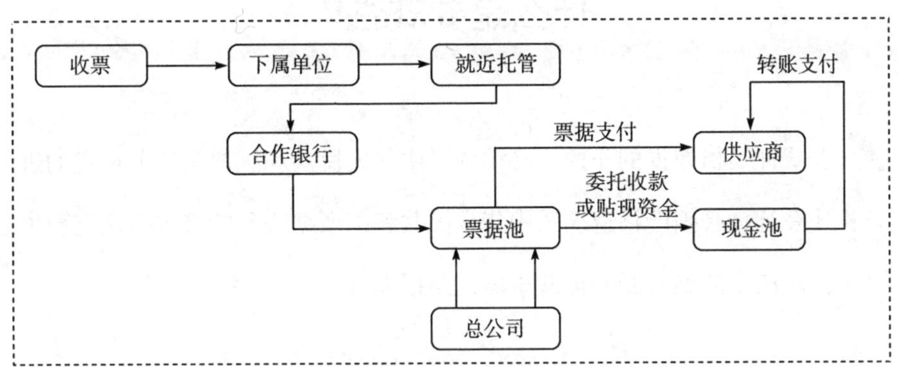

图 8–4　×× 公司票据池业务具体实施流程

什么是照票？

照票是指跨银行交易时向他行发送票据查验信息。

什么是文义性？

文义性是指票据所创设的一切权利和义务，完全地、严格地以票据上所记载的文字为准，不得以记载以外的证据来否定票据记载。

什么是要式性?

要式性是指票据的作成，必须依《中华人民共和国票据法》规定的进行格式登记；必须严格遵循《中华人民共和国票据法》的规定确认记载事项。欠缺法定的绝对必要记载事项，票据无效。

什么是无因性?

无因性是指票据权利人享有票据权利仅以持有票据为必要。一般不问占有票据的原因和资金关系，一旦票据做出，原因、关系的成立、有效与否不影响票据行为的效力。但是，在收受票据的直接当事人之间，票据原因关系影响票据行为的效力。

什么是独立性?

独立性是指某一票据上一般存在多个票据行为，各票据行为之间按各自的票据记载相互独立。单个票据行为有无效力不影响其他票据行为的效力。

什么是无记名式票据?

无记名式票据是指票据上不记载权利人的姓名，只要持有票据就可以享有和行使票据权利。记名票据只能由记载的特定的人行使权利。

什么是票据行为?

票据行为是指设立、变更和终止法律关系的合法行为。本书指狭义的票据行为，即仅指以发生票据上的债务为目的的法律行为，包括出票、背书、承兑、参加承兑、保证、保付六种行为。

什么是出票?

出票是指出票人依照法定款式作成票据并交付受款人的行为。它包括“作成”和“交付”两种行为。出票业务如图 8-5 所示。

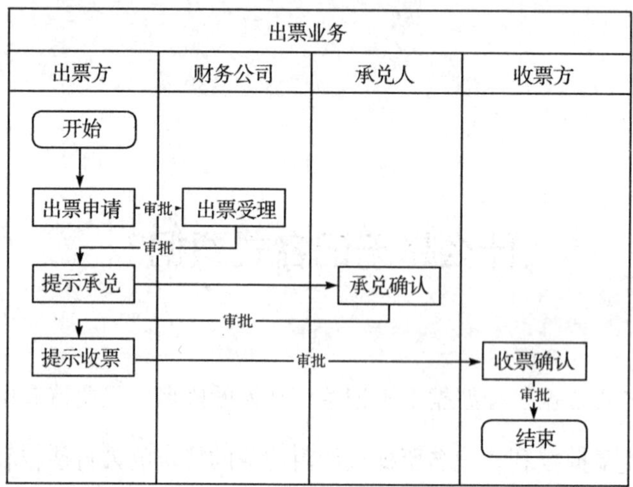

图 8-5　出票业务

什么是作成?

出票人按照法定款式制作票据，在票据上记载法定内容并签名的行为即作成。现在由于各种纸票都由一定机关印制，因而所谓的作成只是填写有关内容和签名而已。作成后票据权利发生。

什么是交付?

交付是指根据出票人本人的意愿将其交给受款人的行为。不是出于出票人本人意愿的行为如偷窃票据不能称作交付。交付后票据权利转让。

月利息与扣款换算

例如，某个持票企业使用一张票面金额 10 万元、6 个月后到期的票据贴现，月息 0.35%。则 6 个月的综合贴现利息 =0.35% × 6=2.1%，按买断的交易方式来说，就是票据经纪人扣款 2 100 元后支付给持票贴现企业 97 900 元。

什么是付款人?

付款人是指开票企业。

什么是收款人?

收款人是指收款企业。

什么是代打保证金?

企业向票据经纪人发送票据授信批复，企业持“六证一卡”①，票据经纪人于约定当日上午在企业的陪同下把保证金打入银行，下午银行开出银行承兑汇票，票据经纪人带走保证金等额银行承兑汇票及费用，交易结束。

什么是实（电）查打款?

持票方发来扫描件，票据经纪人在约定时间到达持票方所在地，在当地银行实查验证票据真实性，验票无误后就打款给票面收款人或是票面付款人，款到后，带走票。

---

① “六证一卡”指营业执照、开户许可证、法人身份证、组织机构代码证、国税税务登记证、地税税务登记证及贷款卡。

什么是带票?

持票方跟随票据经纪人到指定公司（或银行）交票，验证票无误，款直接打入指定账户，交易结束。

带票、直贴、查打、买断有什么区别?

带票是第一天持票企业把纸质票据转给票据经纪人，第二天票据经纪人再给企业打款。

直贴是持票企业上午把纸质票据转给票据经纪人，下午票据经纪人再给企业打款。

查打是票据经纪人在银行查询纸质票据无误后再给持票贴现企业打款。

买断是票据经纪人现场查验纸质票据，确定交易直接打款。

区别是带票和直贴纸质票据要离手，风险较大，但是费用少。

查打和买断后两个纸质票据不离手，风险较小，但是费用稍高。并且查打要求单张票据面额不低于 100 万元，开票日期不能太长，一般在 10 天以内。

什么是贴现、转贴现和再贴现?

票据贴现可以分为三种：贴现、转贴现和再贴现。

贴现（直贴）指银行承兑汇票的持票人在汇票到期日前，为了取得资金，贴付一定利息将票据权利转让给银行的票据行为，是银行向持票人融通资金的一种方式。贴现业务如图 8-6 所示。

票据买断式转贴现是指贴出人将票据权利转让给贴入人，不约定日后赎回的交易方式。票据回购式转贴现是指贴出人将票据权利转让给贴入人，约定日后赎回的交易方式。

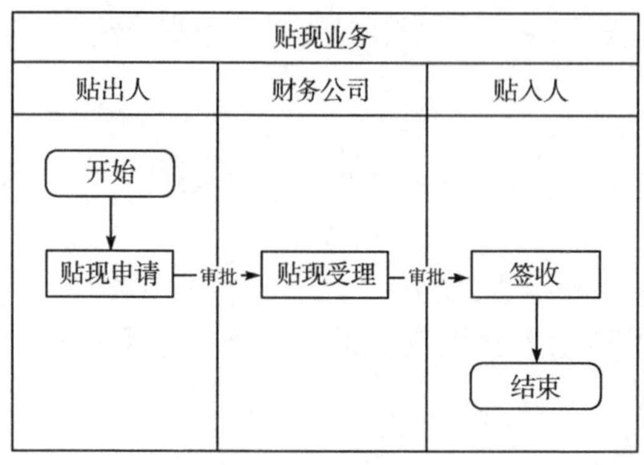

图 8-6　贴现业务

转贴现是指商业银行在资金临时不足时，将已经贴现但仍未到期的票据交给其他商业银行或贴现机构进行贴现，以取得资金融通。转贴现又分为票据买断式转贴现和票据回购式转贴现。

再贴现是指中央银行通过买进商业银行持有的已贴现但尚未到期的商业汇票，向商业银行提供融资支持的行为。

贴现的利率在中国人民银行现行的再贴现利率的基础上进行上浮，

贴现的利率是市场价格，由双方协商确定，但最高不能超过现行的贷款利率。

贴现利息如何计算?

贴现利息是汇票的收款人在票据到期前为获取票款向贴现银行支付的利息。

计算公式为

贴现利息 = 贴现金额 × 贴现率 × 贴现期限

带息票据的到期值（提前贴现）= 应收票据面值 – 提现息

提现息 = 应收票据面值 ×（票据到期天数 /360）× 贴现率

例如，一张银行承兑汇票的票面价值为 100 万元，出票日期为 2020 年 2 月 1 日，2020 年 4 月 1 日到期。要求计算贴现利息和贴现净额。持票人于 2020 年 3 月 2 日到银行进行贴现，贴现率为 12%。

贴现息 =100 ×（30/360）× 12%=1（万元）

贴现净值 =100–1=99（万元）

什么是承兑?

承兑即承诺兑付，是付款人在汇票上签章表示承诺将来在汇票到期时承担付款义务的一种行为。

什么是承兑行为?

承兑行为只发生在远期汇票的有关活动中。承兑行为是针对汇票而言的，并且只是远期汇票才可能承兑。本票、支票和即期汇票都不可能发生承兑。

远期票据规定承兑的，在付款前必须由持票人向付款人提出承兑要求，即付款人在票据前面批注承兑字样，后加签名、承兑日期及一些注解等。

承兑的两种形式如下：

普通承兑：承兑人对出票人的指示不加限制地同意确认。

限制性承兑：指承兑人虽同意付款，但在汇票的付款时间、地点等要件与出票人的指示要件有不同时，不完全同意按票面文义承担责任，而是按自愿方式承担责任。

票据市场分为哪几类?

票据市场按照运作主体和功能的不同，分为一级市场、二级市场、三级市场三个类别。

一级市场是票据的承兑市场（发行市场）。在这个市场里，票据作为一种信用凭证实现融资的功能，票据的基本关系人因贸易交换给付对价关系或其他资金关系而使用。

二级市场是票据贴现（含转贴现）市场（流通市场）。在这个市场需要实现票据的流动、货币政策的传导、市场信息的反馈等功能，是票据流通关系人、投资机构、市场中介机构进行交易的场所。

三级市场是票据再贴现市场。

什么是足月票?

足月票一般是指距离出票日不超过 7 天的商业汇票。根据贴现行要求，天数可以有变动，但不会超过 15 天。

什么是不足月票?

不足月票是指距离出票日超过 7 天的商业汇票。

什么是大票?

按照我国票据市场惯例，大票是指单张票面金额超过 300 万元的票据。

什么是小票?

按照我国票据市场惯例，小票是指单张票面金额小于 300 万元的票据。

什么是在户出?

某个票据背书在自己所属公司的账户上后，转手背书的行为叫在户出。

什么是敞口银行承兑汇票?

敞口银行承兑汇票是指保证金金额小于本次一次性开立的汇票总额的银行承兑汇票。

什么是足额银行承兑汇票?

足额银行承兑汇票是指保证金金额等于汇票总额而开立的银行承兑汇票。

纸票票面的微小瑕疵包括哪些?

纸票票面的微小瑕疵包括以下几个方面。

（1）背书章和被背书相符，但背书位置偏离，压框或完全出背书栏框。

（2）背书公章和私章外框重叠。

（3）票据正面记载事项或背面被背书栏未使用黑色或蓝黑色。

（4）被背书书写不规范，辨认字迹困难，但无明显错字。

（5）加盖被背书人名称印章时字样颠倒。

（6）票据正面非必须记载事项存在瑕疵，且未得到承兑行认可。

（7）粘单使用不规范。

①未使用两联式粘单、“背书人签章”字样印制成“被背书人签章”字样或无“背书人签章”字样。

②粘单未按照标准规格制作，造成骑缝章压框。

③没印“粘单”字样。

④印刷成“粘贴单”字样。

纸票票面的一般瑕疵有哪些?

纸票票面的一般瑕疵如下。

（1）票据有污迹，造成正面要素或背面背书难以辨认。

（2）汇票票面有破损或撕裂。

（3）被背书有添加或涂改痕迹，有错字、漏字、自造字现象。

（4）背书或骑缝漏盖公章或私章。

（5）同一背书人连续重复转让背书。

（6）背书或骑缝章因叠章造成字迹难以辨认，或背书盖章模糊不清、有缺损。

（7）骑缝章加盖未骑缝，且粘单上的第一记载人和前一手背书人没有同时出具书面承诺函。

（8）骑缝章与背书人签章有重叠。

（9）背书用章不规范，或银行未使用汇票专用章且责任人未出具承诺函。

（10）第一手背书章与收款人名称不符或被背书人与背书章不符。

（11）被背书人名称简写。

（12）机打式票据因出票人或收款人名称过长，由经办人手写补全，且承兑行未出具书面承诺函。

（13）其他影响背书连续性的重大瑕疵问题。

什么是无效纸票?

（1）票据要素缺失。

（2）出票人的签章与名称不一致。

（3）票据金额、日期、收款人名称书写不规范或有涂改现象。

（4）票面记载的到期日早于出票日。

（5）大小写金额不一致。

（6）付款期限长于6个月。

什么是权利障碍纸票?

（1）正面或背书人签章栏注明“不得转让”字样的票据。

（2）已做成“质押背书”的票据。

（3）已被人民法院公示催告的票据。

（4）正面加盖承兑银行结算专用章的票据。

（5）背书栏已记载“委托收款”字样或加盖过银行结算专用章的票据。

（6）非付款人承兑的商业承兑汇票。

什么是票据?

票据是最早产生的、典型的有价证券之一，被誉为“有价证券之父”，本书指狭义上的票据，是指出票人依《中华人民共和国票据法》发行的、无条件支付一定金额或委托他人无条件支付一定金额给收款人或持票人的有价证券。

什么是保证?

保证是指除票据债务人以外的人为担保票据债务的履行，以负担同一内容的票据债务为目的一种附属票据行为。保证如图 8–7 所示。

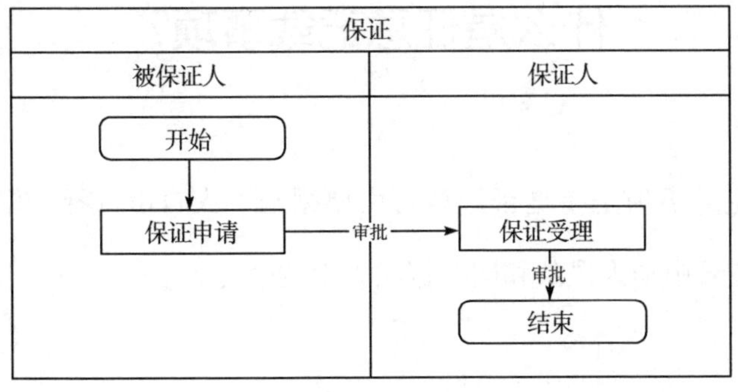

图 8-7　保证

什么是绝对必要记载事项?

绝对必要记载事项是指必须在票据上记载的事项，欠缺此类事项之一的票据无效。

什么是相对必要记载事项?

相对必要记载事项是指某些事项虽然《中华人民共和国票据法》规定应予记载，但如果票据上不做记载，法律另有补充规定的，票据不因此而无效。

什么是任意记载事项？

任意记载事项是指是否记载可由票据当事人自由选择，但是一经记载，即发生《中华人民共和国票据法》上的效力。

什么是不得记载事项？

不得记载事项即《中华人民共和国票据法》禁止行为人在票据上记载的事项。根据违反禁令仍记载所产生的不同后果，可将不得记载事项分为记载无效的事项和使票据无效的事项。

什么是记载无效的事项？

记载无效的事项又称“记载无益事项”，是指行为人虽然做了记载，但此项记载本身无效，但是整个票据的效力并不因此受到影响。

什么是使票据无效的事项?

使票据无效的事项亦称“记载有害事项”，是指行为人记载了此类事项，不仅记载本身无效，而且使整个票据无效。

什么是票据行为的代理?

票据行为的代理是指代理人在其代理权限范围内，在票据上载明被代理人的名称及为被代理人代理的意思，并在票据上签章的行为。

什么是融通票据?

融通票据又称“金融票据”或“空票据”，是一种既没有原因债务也没有对价的授受，专门为取得金钱的融通而发出的票据。它不是以商品交易为基础发生的票据，而是为了资金融通签发的一种特殊票据。

融通票据是在当事人双方达成协议后产生的，一方（通常为资金需求者）作为债务人签发票据，另一方作为债权人给予承兑，出票人于票据到期前将款项送还付款人（承兑人），以备清偿。

什么是未达账项?

未达账项即企业和银行对同一笔款项办理收付业务时，因办理结算手续各凭证时间的不一致而发生的一方已经取得有关凭证并已登记入账，另一方尚未收到有关凭证因而未登记入账的款项。

什么是票据权利?

票据权利是指持票人向票据债务人请求支付票据金额的权利，包括付款请求权和追索权。

什么是票据权利的原始取得?

票据权利的原始取得是指持票人最初取得票据权利，而不是从其他前手权利人处受让票据权利。

什么是出票取得?

出票取得指票据的出票人作成票据并将票据交付给持票人时，持票人即取得票据权利。

什么是善意取得?

善意取得是指持票人依《中华人民共和国票据法》规定的权利取得方法，从无处分权人手中善意受让票据，从而取得票据权利。

什么是票据权利的继受取得?

票据权利的继受取得是指持票人从有权处分票据权利的前手那里，依背书交付或单纯交付方式，受让票据权利。

什么是转让背书?

转让背书是指持票人以转让汇票权利为目的的背书行为。转让背书如图 8-8 所示。

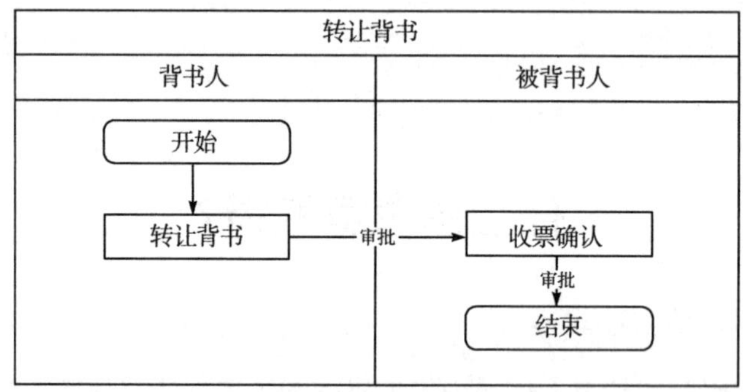

图 8-8 转让背书

什么是非转让背书?

非转让背书是指持票人以非转让汇票权利为目的，而是以授予他人一定的汇票权利为目的的背书行为。如委托收款的背书。

什么是完全背书?

完全背书是指背书人在纸票背面或粘单上记载背书的意思、被背书人的名称并签章的背书。

什么是空白背书?

空白背书是指纸票背书人不记载被背书人的名称，仅仅有自己签章的背书。

什么是回头背书?

回头背书是指 A 企业开出的票据给了 B 企业，B 企业将票据给了 C 企业，C 企业背书给 A 企业，A 企业又背书给 D 企业的背书。回头背书的票据不影响该票据质押进票据池形成授信额度。

什么是同名背书?

同名背书是指A企业开出的票据给了B企业，B企业将票据给了C企业，C企业将票据从农业银行背书至C企业兴业银行账户。类似于一个人将自己的钱从左口袋装到右口袋，钱依旧由本人合法合规持有。同名背书的票据并不影响该票据在银行贴现，也不影响该票据质押进票据池形成授信额度。

什么是权利担保效力？

权利担保效力是指背书人对被背书人及其后手负有担保承兑和担保付款的责任，如果持票人请求承兑或请求付款遭到拒绝，就可以向背书人行使追索权。追索过程如图 8–9 所示。

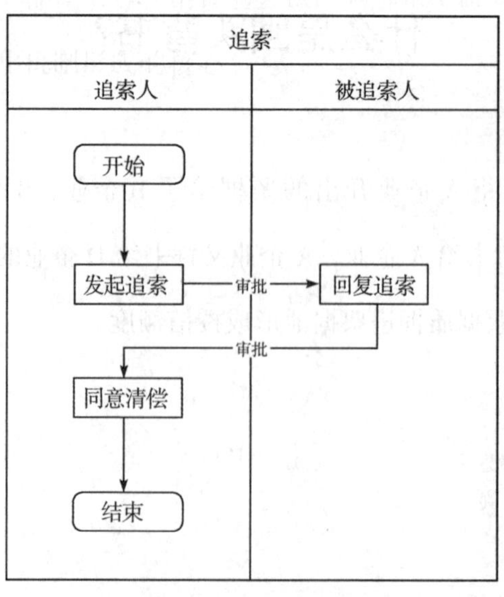

图 8–9　追索过程

什么是权利证明效力?

权利证明效力也称资格授予效力，是指只要持票人所持汇票上的背书具有连续性,《中华人民共和国票据法》就推定持票人为正当的汇票权利人，并享有汇票上的一切权利。

什么是提示承兑?

提示承兑是指持票人向付款人现实地出示汇票，并请求付款人表示承兑与否的行为。

什么是汇票的保证?

汇票的保证是指汇票债务人以外的第三人担保特定汇票债务人履行债务，以负担同一内容的汇票债务为目的而为的附属票据行为。依据不同标准，汇票的保证可分为以下几类。全部保证是指保证人就汇票全部金额进行保证。部分保证是指保证人仅就汇票的部分金额进行保证。单独保证是指仅有一人作为保证人进行的保证；共同保证是指由两个或两个以上保证人就同一汇票债务所进行的保证。正式保证是指保证人在汇票上签章的同时，还记载“保证”字样的保证；略式保证是指仅有保证人签章而没有记载“保证”字样的保证。

什么是付款?

付款是指票据的付款人或其代理付款人支付汇票金额，以消灭票据关系的行为。

什么是提示付款?

提示付款是指持票人向付款人或代理付款人实际出示汇票，以请求其付款的行为，如图 8-10 所示。

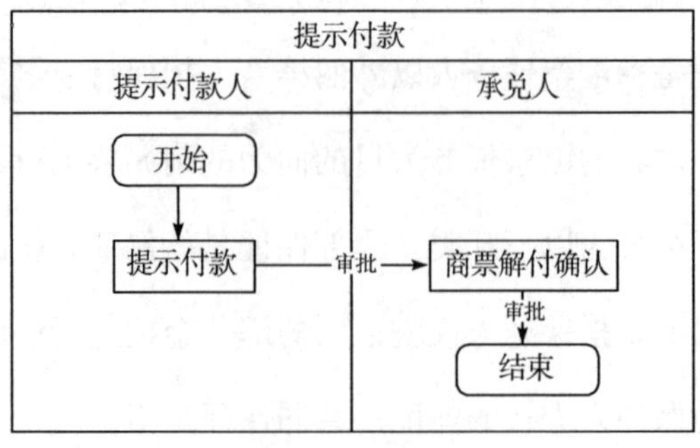

图 8-10　提示付款

什么是汇票追索权?

汇票追索权是指持票人在汇票到期不获付款或期前不获承兑或有其他法定原因时，在依法行使或保全了汇票权利后，向其前手请求偿还汇票金额、利息及其他法定款项的一种票据权利。汇票追索权可分为前期追索权和到期追索权；最初追索权和再追索权。

什么是行使追索权的形式要件?

行使追索权的形式要件是指行使追索权必须遵循一定的程序，履行法定的保全追索权的手续。

什么是拒绝证明?

拒绝证明是指《中华人民共和国票据法》规定的，对持票人依法提示承兑或付款而被拒绝或无法提示承兑或付款这一事实具有证据效力的文字证明。

什么是退票理由书？

退票理由书是指承兑人或付款人或付款人委托的付款银行出具的，记载不承兑或不付款理由的书面证明。

什么是拒绝事由的通知？

拒绝事由的通知也称追索通知，是指持票人为向其前手行使追索权而事先将汇票不获承兑或不获付款的事实告知其前手的行为。

什么是选择追索权？

选择追索权又称飞越追索权，是指持票人在行使追索权时，可以根据自己的意思自由选择其前手债务人中的任何一人、数人或者全体为被追索人。

什么是最初追索金额和再追索金额?

最初追索金额是指持票人向汇票债务人行使追索权请求支付的金额，一般包括汇票金额、法定利息和追索费用三部分。再追索金额是指偿还义务人行使再追索权时要求其前手清偿的金额，一般也包括三部分，即已清偿的追索金额、法定利息和再追索费用。

什么是票据抗辩?

票据抗辩是指票据债务人根据《中华人民共和国票据法》的规定，对票据债权人拒绝履行义务的行为。

什么是物的抗辩?

物的抗辩也称绝对的抗辩，是指基于票据本身的事由发生的抗辩。物的抗辩可以对抗一切票据债权人。

什么是人的抗辩?

人的抗辩也称相对的抗辩、主观的抗辩，是指基于票据债务人和特定的票据债权人之间的关系而发生的抗辩。特定票据债务人对抗特定票据债权人。

什么是票据抗辩的限制?

票据抗辩的限制是指债务人不得任意提出票据的抗辩，抗辩必须有法定的事由。

什么是挂失止付?

挂失止付是指持票人丢失票据后，依据《中华人民共和国票据法》规定的程序，通知票据上记载的付款人停止付款的行为。

什么是公示催告?

公示催告是指人民法院根据票据权利人的申请，以向社会公示的方法，将丧失的票据向社会公示，催促不明利害关系的有关当事人在一定的期间向法院申报票据权利，如不在规定的期间内申报，就不能以有关的票据权利申请法律保护。

什么是票据时效?

票据时效也称票据权利的消灭时效，是指票据权利人在一定时间内不行使其权利，票据权利就归于消灭，票据债务人就可以票据权利已超过时效为由拒绝履行票据义务。而诉讼时效则是指权利人向人民法院请求保护民事权利的有效期间。

什么是票据纠纷案由?

票据纠纷案由包含但不限于付款请求权纠纷、追索权纠纷、票据交付请求权纠纷、票据返还请求权纠纷、票据损害责任纠纷、票据利益返还请求权纠纷、汇票回单签发请求权纠纷、票据保证纠纷、确认票据无效纠纷、票据代理纠纷、票据回购纠纷。

什么是瑕疵?

瑕疵本指玉的疵病，比喻微小的缺点。票据瑕疵指的是票据背书存在一定的问题。瑕疵票据表现为以下两种：①票据上中出现“保理”“委托收款”“质押”等字样；②抬头与背书人不符。

什么是转贴利率?

转贴利率是指银行以贴现购得的没有到期的票据，向其他商业银行所作票据转让时支付的利率。

什么是直贴买入?

直贴买入是指金融机构以贴现方式收购企业所持银行承兑汇票的行为。

什么是直贴卖出?

直贴卖出是指企业将所持有的银行承兑汇票转让给金融机构，从而获得资金的票据行为。

什么是转贴卖出?

转贴卖出是指银行将未到期的已贴现或已转贴现的商业汇票背书转让给其他金融机构的业务行为。转贴卖出分为转贴现卖断和转贴现融资（正回购）。

什么是转贴买入?

转贴买入是指银行购买其他金融机构所持有的尚未到期的已贴现或已转贴现的商业汇票的业务行为。转贴买入分为转贴现买断和买入返售（逆回购）。

什么是见票买断?

见票买断是指银行或企业现金买断，根据票的情况决定查询或不查询，票不离手，款到交票。

什么是银票解付?

银行承兑汇票签发后，出票人通过背书转让将票据所有权转给票面收款人，收票人可以再进行贴现，在票面到期日之前，票据的持有人会通过向承兑行发出托收，承兑行接收到票据实物后，一般都会在票据到期日当天将票据款项通过大额支付系统无条件划付给托收人，此过程就是银票解付。

什么是打飞?

打飞是指收票前，款打出去了，却没收到票。为防止打飞的情况发生，可以找票据交易平台进行交易。

“先背书后打款”，还是“先打款后背书”，是当前困扰企业电票支付交易的最大痛点，一不小心就会带来电票打飞风险。针对这一痛点，某股份制银行票据池首创“双密押支付”，出票人在出票时选择“双密押支付”可向票据池合作银行申请生成两道密押，并按照收发货进度将密押信息告知收款人。收款人见票后输入预签收密押（第一道），出票人不能发起撤票；收款人输入签收密押（第二道），完成票据签收。电票操作引发的信任问题迎刃而解，有效防范电票打飞风险。该模式有效解决了买卖双方信息不对称造成的在线支付、背书难题，成为票据管理的信用中介。

什么是背飞?

背飞是指票据背书出去后，款项没收到。

承兑人可分为哪几类?

一、国股银行

国股银行指的是国有股份制银行和国有商业银行。其中大型商业银行包括：中国银行、农业银行、工商银行、建设银行。政策性银行包括3个：

国家开发银行、中国进出口银行、中国农业发展银行。股份制商业银行共11个：交通银行、中信银行、平安银行、光大银行、浦发银行、兴业银行、华夏银行、招商银行、民生银行、广发银行、邮储银行。

二、城市商业银行

城市商业银行分为大商业银行和小商业银行。大商业银行如北京银行、上海银行、南京银行、宁波银行、杭州银行、江苏银行、恒丰银行等。小商业银行通常指大城商以外的其他城市商业银行。

三、农村金融机构

农村金融机构是指带有“农村商业银行”字样的银行。

承兑人类型如图 8 -11 所示。

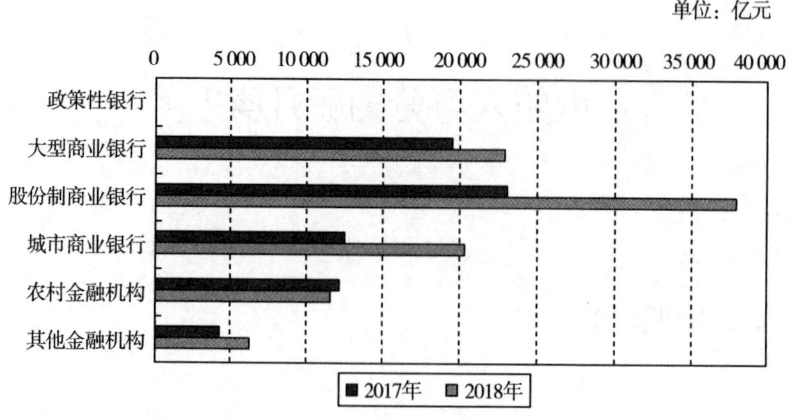

图 8-11 承兑人类型

什么是断头背书?

在票据流通中，常见到的是 ABCD 这样连续的背书，但出现了一种如 A 让与 B，C 让与 D，但缺了 B 让与 C 的环节，即缺了 B 与 C 之间的背书，称为断头背书。

断头背书是背书不连续的现象，一般被认为只是影响持票人权利和债务人的完全责任问题。《中华人民共和国票据法》第三十一条规定，“以背书转让的汇票背书应当连续。持票人以背书的连续，证明其汇票权利；非经背书转让，而以其他合法方式取得汇票的，依法举证，证明其汇票权利”。如果能提供其取得方式合法的证明，仍能证明票据是有效的。

如何进行赎回式贴现?

赎回式贴现流程如图 8-12 所示。

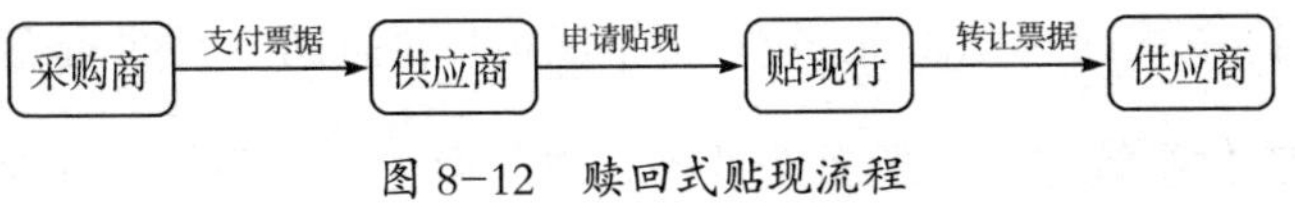

图 8-12　赎回式贴现流程

什么是买断式转贴现?

买断式转贴现分为转贴现卖断和转贴现买断。

转贴现卖断是指乙银行将未到期的已贴现或已转贴现的商业汇票背书转让给交易对手甲银行的业务行为。

转贴现买断是指交易对手甲银行将持有的尚未到期的已贴现或已转贴现的商业汇票背书转让给乙银行的业务行为。

买断式转贴现流程如下。

（1）票据买入方检验票据真伪，审核跟单资料。

（2）票据买入方审核票据承兑人信用风险。

（3）交易双方就票据转让的种类、金额、价格等要素协商一致达成交易意向。

（4）交易双方签署转贴现协议，票据卖出方交付票据，票据买入方给付资金。

买断式转贴现可自由选择线上清算方式或线下清算方式。采用线上清算方式的，由大额支付系统负责清算。若清算资金不足，该笔资金划转在大额支付系统内排队，此时双方均不可主动撤回。日终资金仍然不足的，大额支付系统退回该笔资金业务，电子商业汇票系统退回该笔转贴现业务。

什么是票据置换?

票据置换是指银行承兑汇票持票人将其持有的一张或多张银行承兑汇票向银行作为质押物，由银行为其承兑一张或多张新的银行承兑汇票用于支付的特别授信业务，质押票据到期由银行负责委托收款，委收款项作为承兑申请人在银行承兑项下的保证金，以备银行承兑票据到期扣款的业务。

票据置换和票据池的区别如图 8-13 所示。

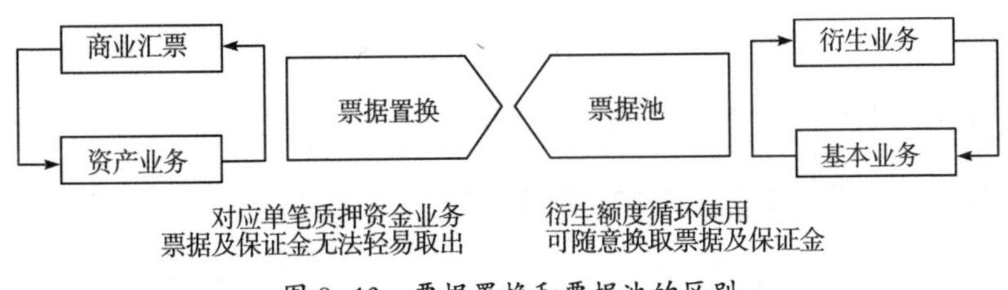

图 8-13 票据置换和票据池的区别

什么是纸票入池?

纸票入池是指申请将纸质票据加入已签约的票据池，并将请求转发给合作银行端票据系统。

什么是纸票出池?

纸票出池是指查询可出池的纸票信息，查询到结果后选择待出池的纸票，提交出池申请，并将请求转发给银行端票据系统。

什么是质押托管转换?

申请将票据池中处于质押状态或托管状态的票据进行转换，并将请求转发给银行端票据系统。其仅支持纸票。

什么是贴现申请?

查询可贴现的票据信息（处于托管状态且未托收的票据），并选择待处理的票据，发起贴现申请，系统将客户的请求转发给票据系统。贴现申请仅支持纸票。

什么是纸票出票申请?

企业客户可以在票据池现有额度范围内发起出票申请，并将申请转发给银行端票据系统。

什么是保证金提取?

在企业有足够的可用额度情况下，企业客户可通过企业网银申请提取保证金。企业客户通过企业网银发起保证金提取申请，经集团内部审批后提交至银行端票据系统，由主办行进行审批。主办行审批完成后，经办行可在票据系统查询、办理客户提交的提现申请，并协助完成后续提现操作。

什么是其他融资申请?

客户通过企业网银发起其他融资申请，经内部审批后提交至票据系统，由主办行进行审批。主办行审批完成后，经办行可在票据系统查询客户提交的融资申请。

什么是用信申请及审批？

发起票据池用信业务前（所谓用信业务即占用额度的业务，包含质押转托管、贴现申请、开票业务、资产业务、保证金提取）先通过网银系统申请用信，集团审批通过后方可申请具体业务。

什么是票据双向买断业务？

客户与业务主办银行按照《关于开办票据池双向买断业务的通知》签订《票据池双向买断业务协议》。

客户通过网银系统自助办理票据双向买断，承接应付票据——票据池合作银行或他行已签发的银行承兑汇票；买断应收票据——质押入池的银行承兑汇票。

需要注意的是，指定的应付票据付款账户信息必须录入准确，应付票据到期时，银行将根据户名、账户及开户行，自动进行划款操作。

企业经办员从质押池中挑选办理卖断的应收票据，承兑行需为高资信银行或票据池合作行认可银行。

（1）买断的应付票据到期时，如应付票据的付款账户开户行为他行，则系统在票据到期日前 3 天将资金划转至客户在他行的指定账户，如应付票据的付款账户开户行为票据池合作银行，则系统在票据到期日将资金划转至客户在票据池合作银行的出票账户。

（2）应付票据买断后，票据池合作银行不更改原票据在中国人民银行征信系统中的状态。

什么是商业承兑汇票保贴?

商业承兑汇票保贴是指对获得银行商业承兑汇票贴现授信额度的客户承兑、背书或者保证的商业承兑汇票（含纸质和电子商业承兑汇票），由银行根据申请人的申请出具商业承兑汇票保证贴现书函，承诺在授信额度和一定期限内以商定的贴现利率予以贴现的承诺类表外业务。它可增强商业承兑汇票信用，转嫁贴现财务成本。资本占用应参照 1 年期以内的贷款承诺函执行，按照 20% 计提风险资产。

“商票 + 供应链金融”融资如图 8–14 所示；“商票保贴 + 供应链金融”融资如图 8–15 所示。

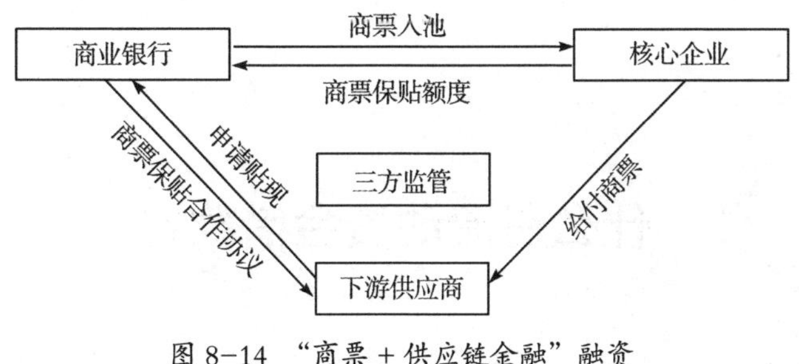

图 8–14 “商票 + 供应链金融”融资

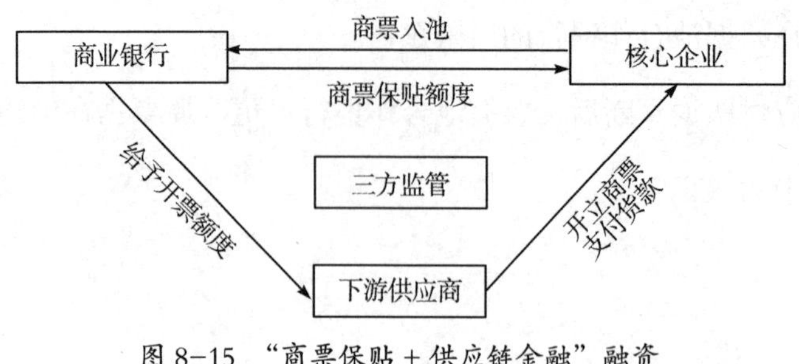

图 8-15 “商票保贴 + 供应链金融”融资

什么是商业承兑汇票保兑?

商业承兑汇票保兑是指对获得银行商业承兑汇票贴现授信额度的客户承兑、背书或者保证的商业承兑汇票（含纸质和电子商业承兑汇票），由银行根据申请人的申请出具商业承兑汇票保兑书函，承诺到期时若承兑人（付款人）未兑现票据则由其代为支付相应款项的担保业务。它可增强商业承兑汇票信用，转嫁贴现财务成本。资本占用按照保函业务类型执行，按照 50% 计提风险资产。

什么是流动资金借款?

流动资金借款是指借款人向贷款人申请发放的，用于借款人日常生产经营周转的本外币借款。

什么是固定利率?

固定利率指在借款期限内保持不变的利率，如果为分次放款，指每次放款实际发放日至合同借款到期日之间利率不变。

什么是浮动利率?

浮动利率指在借款期限内按借贷双方约定的周期和幅度变动的利率。

什么是浮动周期?

浮动周期指借贷双方约定的借款利率的变动频率。在一个浮动周期内，借款利率以定价基准利率按照合同约定的定价方式计算确定，浮动周期内借款利率保持不变；在一个浮动周期届满、进入下一个浮动周期时，借款利率以新浮动周期的定价基准利率按照合同约定的定价方式计算确定，浮动周期内借款利率保持不变。

什么是基准利率?

基准利率指用于确定票据池业务合同借款利率的利率标准，包括但不限于我国或相关国家、地区、市场公布的报价利率，例如 LPR（贷款基础利率）、SHIBOR（上海银行间同业拆放利率）、LIBOR（伦敦银行同业拆借利率）、HIBOR（香港银行同业拆借利率）、SIBOR（新加坡银行同业拆放利率）、央行人民币存款基准利率等。

基准利率是中国人民银行公布的商业银行存款、贷款、贴现等业务的指导性利率，各金融机构的存款利率可以在基准利率基础上下浮动 10%，贷款利率可以在基准利率基础上下浮动 20%。

基准利率是金融市场上具有普遍参照作用的利率，其他利率水平或金融资产价格均可根据这一基准利率水平来确定。基准利率是利率市场化的重要前提之一，在利率市场化条件下，融资者衡量融资成本，投资者计算投资收益，客观上都要求有一个普遍公认的利率水平做参考。所以，基准利率是利率市场化机制形成的核心。

什么是 LPR？

LPR 即贷款市场报价利率（Loan Prime Rate）是指由中国人民银行授权全国银行间同业拆借中心计算并公布的贷款市场报价利率。根据银行业惯例，票据池业务合作双方一致同意将票据池合同项下可适用的定价基准利率规则确定为贷款发放时日 LPR，其中 T 为借款利率确定当日，T–1 为当日的前 1 个工作日。

什么是 SHIBOR？

SHIBOR 即上海银行间同业拆放利率（Shanghai Interbank Offered Rate），是指全国银行间同业拆借中心公布并当日适用的上海银行间同业拆放利率。

什么是 LIBOR?

LIBOR 指伦敦银行同业拆借利率，币种包括美元、欧元、日元等。根据银行业惯例，票据池合作双方可一致同意将票据池合同项下可适用的定价基准利率规则确定为 T–2 日 LIBOR，其中 T 为借款利率确定当日，T–2 为当日的前 2 个工作日。

什么是 HIBOR？

HIBOR（Hongkong InterBank Offered Rate）指香港银行同业拆借利率。根据银行业惯例，票据池业务合作双方一致同意将票据池合同项下可适用的定价基准利率规则确定为 T–2 日 HIBOR，其中 T 为借款利率确定当日，T–2 为当日的前 2 个工作日。

什么是 SIBOR？

SIBOR（Singapore Interbank Offered Rate）指新加坡银行同业拆放利率，币种仅适用新加坡元。根据银行业惯例，票据池业务合作双方一致同意将票据池合同项下可适用的定价基准利率规则确定为 *T*–2 日 SIBOR，其中 *T* 为借款利率确定当日，*T*–2 为当日的前 2 个工作日。

什么是央行人民币存款基准利率?

央行人民币存款基准利率指中国人民银行公布并当日适用的人民币存款基准利率。其中，票据池合同项下可适用的定价基准利率规则确定的

"LPR""SHIBOR""LIBOR""HIBOR""SIBOR"和"央行人民币存款基准利率"的币种和具体数值以票据池合作银行核心系统查询结果为准。

什么是借款利率?

借款利率是指经票据池业务合同双方协商一致，遵循票据池合同借款利率定价公式，在合同借款利率确定日的定价基准利率基础上，通过加减点数浮动形成的票据池合同执行利率。借款利率确定日可以为贷款实际发放日、合同签署日或重定价日。

什么是 BP？

BP 即基点（Basis Point），1BP 为 0.01%。

什么是调整日?

调整日是指根据票据池合作合同约定对基准利率进行调整的日期。

参考文献

[1] 上海金融学会票据专业委员会课题组．区块链技术如何运用在票据领域［N］．上海证券报，2016-04-23.

[2] 孙玥璠，辛雪雯，张成成．基于区块链技术的数字票据应用［J］．财务与会计，2018（1）：54-56.

[3] 区块链票据研究小组．基于区块链构建数字票据的研究［EB/OL］.（2016-01-25）http://finance. ce.cn/rolling/201601/25/t20160125_8533678.shtml.

[4] 林晓轩．区块链技术在金融业的应用［J］．中国金融，2016（8）:17-18.

[5] 蔡钊．区块链技术及其在金融行业的应用初探［J］．中国金融电脑，2016（2）：30-34.

[6] 宋汉光.区块链在数字票据中的应用［J］.中国金融，2018（10）：42-43.

[7] 汤莹玮，张婕珂．美国票据市场发展借鉴［J］．中国金融，2017（22）：81-83.

[8] 赵亚蕊．商业银行票据业务风险分析及对策研究[J].西南金融，2016(9)：32-38.

[9] 肖小和．发展高质量票据市场与服务实体经济研究［J］．金融与经济，2018（6）:4-10.

［10］ 易毅.基于区块链的信用多级流转若干问题研究［J］. 浙江金融，2018（9）：3–7.

［11］ 许锐.探究商业承兑汇票业务发展中的问题及解决策略分析［J］.时代金融，2018（3）：209, 223.

［12］ 财政部会计资格评价中心.高级会计实务［M］.北京：经济科学出版社，2017.

［13］ 中华人民共和国财政部.企业会计准则［M］.北京：经济科学出版社，2006.

［14］ 张瑶，李补喜.应收票据的现值计量及其方法研究［J］.生产力研究，2009（13）:172–174.

［15］ 秦池江.我国票据市场融资为何明显升温［N］.上海证券报，2003-06-20.

［16］ 孙晓远.缓解中小微企业融资之痛的良药——票据融资［J］.今日中国论坛，2008（9）：24–27.

［17］ 黄茉莉，陈文成.我国票据融资市场存在的问题、原因与解决建议［J］.上海金融，2013（6）：88–91.

［18］ 李鹏远，张媛.从票据融资看我国票据市场发展［J］.河北金融，2009（7）：33.

［19］ 刘少英.我国票据融资规模影响因素研究［J］.商业银行经营管理，2016（12）：47.

［20］ 张涛.票据融资是金融机构提供的真实的信贷资金——从票据融资的业务流程和统计制度谈起［J］.中国金融，2009（5）：60–61.

［21］ 罗荣平.我国融资性票据市场研究［D］.四川：四川大学硕士学位论文，

2006：12–13.

[22] 黄志凌 . 应该重新认识票据与票据市场的功能 [J]. 征信，2015（10）：1–3.

[23] 王蓉 . 我国票据贴现制度的困境、逻辑与完善 [J]. 河南财经政法大学学报，2015（6）：78–86.

[24] 人民银行南京分行营业管理部课题组 . 我国票据融资业务发展研究 [J]. 金融纵横，2010（9）：8.

[25] 赵慈拉 . 我国票据市场现状、问题与发展方向 [J]. 中国金融，2007（17）：10.

[26] 刘敏 . 关于商业银行票据融资业务发展问题的思考 [J]. 上海金融，2011（3）:118.

[27] 李鹏远，张媛 . 从票据融资看我国票据市场发展 [J]. 河北金融，2009（7）：34.

[28] 陈丽英，唐振鹏 . 对我国票据市场存在问题的成因分析 [J]. 武汉理工大学学报，2005，27（1）.

[29] 杨伟 . 发展我国融资性票据市场的对策研究 [D]. 南京：南京理工大学硕士学位论文，2007：7–10.

[30] 张丽 . 什么妨碍了票据融资 [J]. 国际融资，2003（1–2）：74–75.

[31] 秦池江 . 论票据融资的经济功能与市场地位 [J]. 金融研究，2002（1）：94–97.

[32] 严文兵，阙方平，夏洪涛 . 开放融资性票据业务已成必然之势 [J]. 武汉金融高等专科学校学报，2002（4）：4–6.

[33] 巴曙松 . 票据市场国际经验与中国的路径选择 [J]. 西部论丛，2005（4）：

49–52.

[34] 徐志宏.中国票据市场的苦与乐[J].银行家，2004(1)：36.

[35] 谢怀栻.票据法概论[M].北京：法律出版社，2017.

[36] 傅鼎生.票据行为无因性二题[J].法学，2005(12)：56–65.

免责声明

本书仅供研究学习使用。作者不因读者购买或阅读本书而视其为客户。

本书基于作者认为可靠的、已公开的信息编制。所载的意见、评估及预测仅反映本书出版时作者的观点和判断。在不同时期，作者可能会发出与本书所载意见、评估及预测不一致的研究结论。

作者力求本书内容客观、公正，但所载的观点、结论和建议仅供参考，在任何时候均不构成对读者票据运作的建议。读者应当充分考虑自身状况，并完整理解和运用本书内容，不应视本书为做出票据资产管理决策的唯一因素。对依据或者运用本书内容所造成的一切后果，作者不承担任何法律责任。